2050年を生き抜く子を育てる「もうひとつの学校」

Alternative School

to raise children who will
be able to survive through 2050 and beyond

湘南ホクレア学園 理事長
小針一浩

まる出版

今の小学生が「働き盛り」となり、
家庭を持ち、子育てを始める30代半ば頃
世界は２０５０年を迎えている

地球環境を救うためにカーボンニュートラルの実現を目指した２０５０年
大国が経済成長を優先したことで、**温暖化と環境破壊**が進んでいるだろう
そのとき、世界中の都市は熱波に襲われ、食糧難に悩まされているのだろうか？
いや、グリーントランスフォーメーションが功を奏し、快適な環境で暮らせているかもしれない

世界ではテクノロジーが進化し、シンギュラリティを経験した２０５０年
ＡＩやロボットが日常に入り込み、**人の労働がテクノロジーに移行**しているだろう
そのとき、ターミネーターのように、ＡＩロボットと戦う日がやってくるのだろうか？
いや、ドラえもんのようなＡＩロボットと楽しく協働共生しているかもしれない

日本が南海トラフや日本海溝などの大地震を経験してきた２０５０年
沿岸部の津波被害や都市部の火災被害によって、**経済が大打撃**を受けているだろう

そこに、人口減少による内需縮小が加わり、低所得国となっているのだろうか？
いや、豊かな自然とホスピタリティによって観光大国になっているかもしれない

2050年という未来がどうなるかなんて誰にもわかりはしない
ただひとつ言えることは
これまで人類が経験したことのない
振れ幅の大きな未来がやってくるということ

振り子がどちらに振れるのかはわからない
地球環境・シンギュラリティ・自然災害という避けられない課題に対し
破滅の道を進むことになるのか
共存共生の道を切り拓くのか

いずれにしても、子どもたちは目の前の世界を生きなければならない
いや、生き抜かなければならない

そう考えたとき、

「今の大人たちが受けてきた教育を子どもたちも受けるべきなのだろうか？」

という漠然とした疑問が湧いてくる

教師より丁寧に何でも教えてくれるＡＩは
どんなジャンルもあらゆる言語で答えてくれる
今の教育で一生懸命に国・数・英・理・社の知識を詰め込んだところで
その知識は進化を続けるＡＩに敵わないどころか離される一方

しかし大学受験に必要だからといって
〝とりあえず〟、国・数・英・理・社を勉強させられる

果たしてそれでいいのだろうか？

子どもたちは、誰もが経験したことのない世界を歩んでいこうとしている
誰も経験したことがないのだから
「将来のために何の勉強をさせるのがよいか？」の問いに答えはない

そうであれば、本当に必要なのは
大人の知識や経験で「教え育む」のではなく

子どもが興味関心のあることを自ら体験して「学ぶ力」
そして、どんな未来がやってきても「生き抜く力」
それらを育む学び舎が必要なのだと

だから僕は湘南ホクレア学園を創った

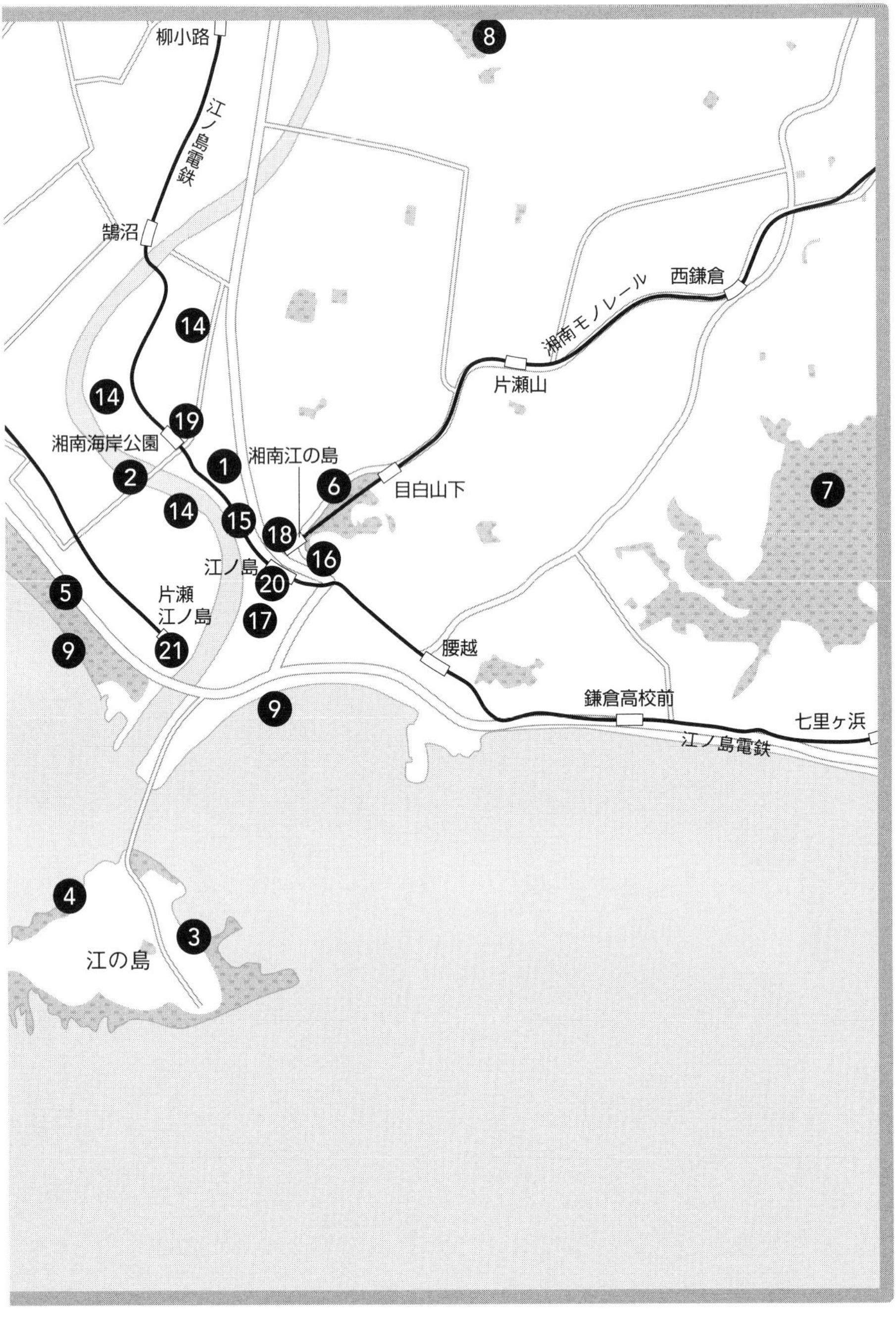

柳小路
江ノ島電鉄
鵠沼
14
14
19
湘南海岸公園
1
2
14
15
18
湘南江の島
6
目白山下
16
江ノ島
20
片瀬
江ノ島
17
5
9
21
9
4
3
江の島
8
湘南モノレール
西鎌倉
片瀬山
7
腰越
鎌倉高校前
七里ヶ浜
江ノ島電鉄

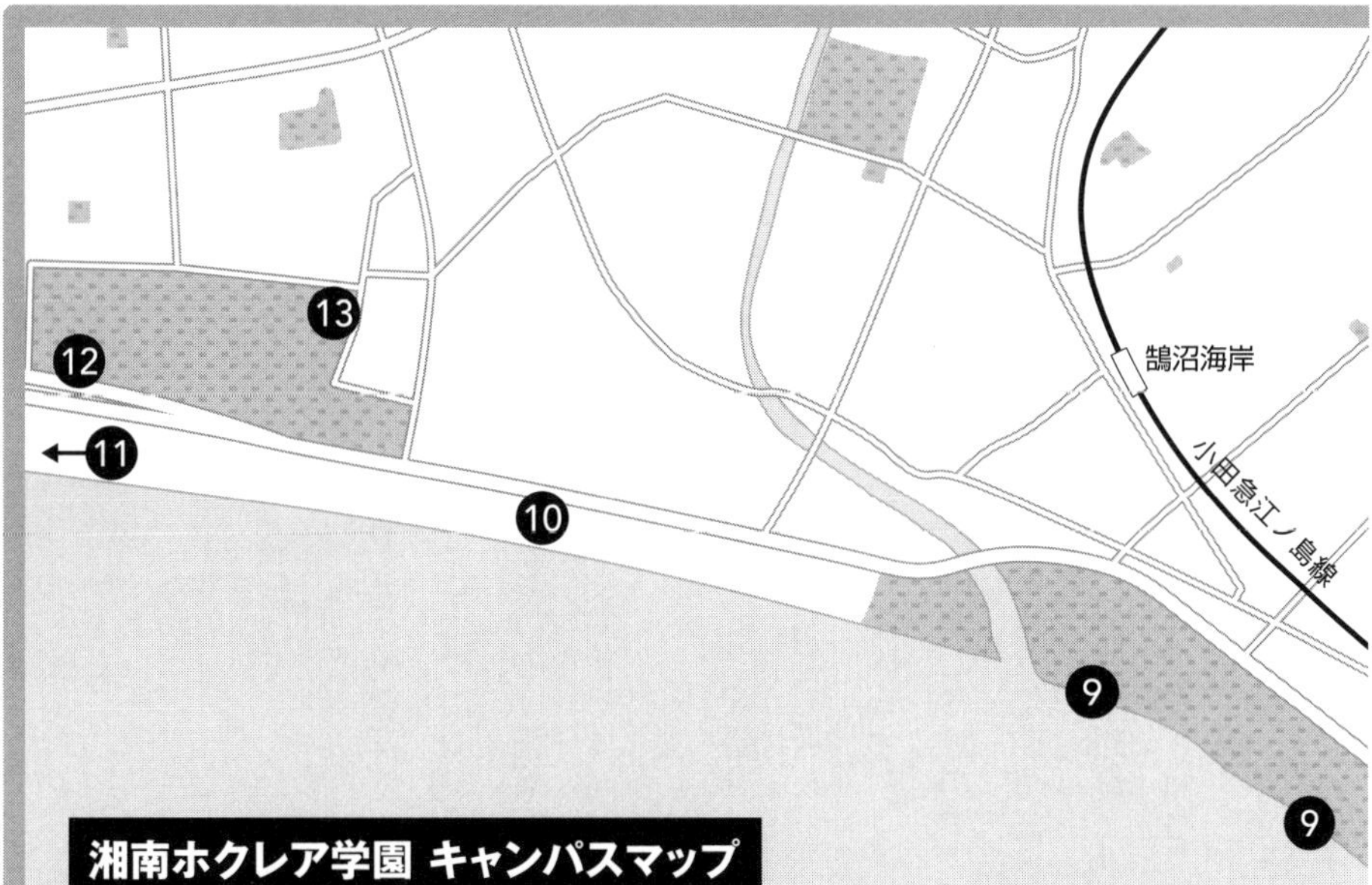

湘南ホクレア学園 キャンパスマップ

❶ 湘南ホクレア学園
❷ カヤックをする〈境川〉
❸ セーリングで訪れる〈江の島ヨットハーバー〉
❹ 磯遊びを楽しむ〈稚児ヶ淵・富士見浜〉
❺ 海洋生物を学びに行く〈新江ノ島水族館〉
❻ 避難訓練で逃げこむ〈片瀬山公園〉
❼ トレランやハイキングを楽しむ〈鎌倉広町緑地〉
❽ オリエンテーリングにぴったりな〈新林公園・川名周辺の秘境エリア〉
❾ 海水浴・ビーチクリーン・タグラグビー・波乗り・オーシャンスイム・寄港式を行う〈片瀬海岸東浜・西浜：鵠沼海岸〉
❿ 富士山を見ながら自転車に乗れる〈湘南サイクリングロード〉
⓫ 自転車で行けちゃう〈ちがさき柳島キャンプ場〉
⓬ ハロウィン運動会を行った〈辻堂海浜公園〉
⓭ ウォータースライダーや流れるプールなどが楽しめる〈ジャンボプール〉
⓮ 昼休みに追いかけっこを楽しむ〈周辺の公園〉
⓯ 地元相模湾で捕れたばかりの絶品の湘南しらすが購入できる〈浜野水産〉
⓰ 体験に来た方にしらす丼をオススメしている〈Kamokoto Kitchen〉
⓱ 海外からの観光客にインタビューを行う〈スバナ通り〉
⓲ 乗船式を行っている湘南モノレール〈湘南江の島駅〉
⓳ 住み続けたい街ランキングで１位になった〈湘南海岸公園駅〉
⓴ 世界中からの観光客の乗降で賑わう〈江ノ島駅〉
㉑ 竜宮城をモチーフにしたフォトスポット〈片瀬江ノ島駅〉

はじめに

「どんな世界でもサバイブできる子を育てる！」

僕がそんな〝学校〟を創ると決めたのが２０２１年10月の終わり。そこから約５ヵ月という怒濤《どとう》の準備期間を経て、２０２２年４月に「湘南ホクレア学園」が開校しました。

神奈川県藤沢市にある、江ノ電の線路沿いにたたずむ築85年余りの古民家を学び舎とし、現在20人の子どもたちがのびのびと、でも意欲的に学び遊んで過ごしています。

ホクレアには教科ごとの時間割がないので、子どもたちはみんな自分で学習計画を立てて、好きな場所で読書をしたり、タブレット学習をしたり、友だち同士で教え合ったり、ひとりで集中したりと、それぞれのペースで学びます。また、各自の学習と同じくらい、チームで学ぶことも大切にしていて、子どもたちの興味

校章をろうけつ染めした暖簾がなびく古民家が学び舎

校舎の目の前を江ノ電が通る

関心を起点に学びを追求していくプロジェクト型の学習も大人気です。

そして、学び舎から一歩外に出れば海、川、山、森と自然がいっぱい。ホクレアでは、そんな湘南・江ノ島エリアの自然とまちの全てをキャンパスに見立てています。本物の自然の中で、カヤック、サーフィン、トレッキング、マウンテンバイクなどを体験し、自然の恩恵と脅威を肌で感じたり、地域のイベントに参加して出店することもあれば、地球の裏側とオンラインでつないでコミュニケーションをとるなど、コンセプトのひとつでもある「地球で遊ぶ。世界で学ぶ」を実践しています。

そんな、一般的な小中学校とは全く異なる湘南ホクレア学園。「そんな学校があるの!?」「どんな子が通っているの?」「時間割どおりに勉強しなくても大丈夫なの?」……初めてホクレアのことを知った方は、いろんな疑問があるかと思います。

新しいクラブアクティビティについて全員でディスカッション

「Japan in the world」をテーマに外国人に突撃インタビュー

湘南ホクレア学園は「一条校」ではない

湘南ホクレア学園は、いわゆる「一条校」ではありません。「学校教育法」（1947年3月31日公布、以降一部改正）の第三条に「学校を設置しようとする者は、学校の種類に応じ、文部科学大臣の定める設備、編制その他に関する設置基準に従い、これを設置しなければならない」と規定されていて、この設置基準を満たした教育施設だけが「学校」を名乗ることができます。

教育施設がこの学校の定義を満たした場合、「学校教育法の第一章第一条に当てはまる」という意味で「一条校」と呼ばれます。国立、県立、市区町村立、私立など運営母体はさまざまですが、それらは全てが「一条校」に該当します。

一方、湘南ホクレア学園はオルタナティブスクールに位置付けられています。オルタナティブとは、「それ以外の」「別の」「もうひとつの」を意味します。つまり、「一条校以外の学びの場」

入学当初は怖かったカヤックもすぐにひとりで乗れるように

自然とたわむれ、楽しさと怖さという表裏を経験を通して学ぶ

林間学校でマウンテンバイクを経験

ということで、日本に在住する外国籍の子どものための教育施設「インターナショナルスクール※」や、不登校の子どもたちを受け入れている教育施設「フリースクール」もオルタナティブスクールに該当します。（※学校法人を除く）

本書のタイトルで「もうひとつの学校」という表現を用いているのはそのためで、文科省に認可された「学校」と区別するために本文中では〝学校〟と表現しています。

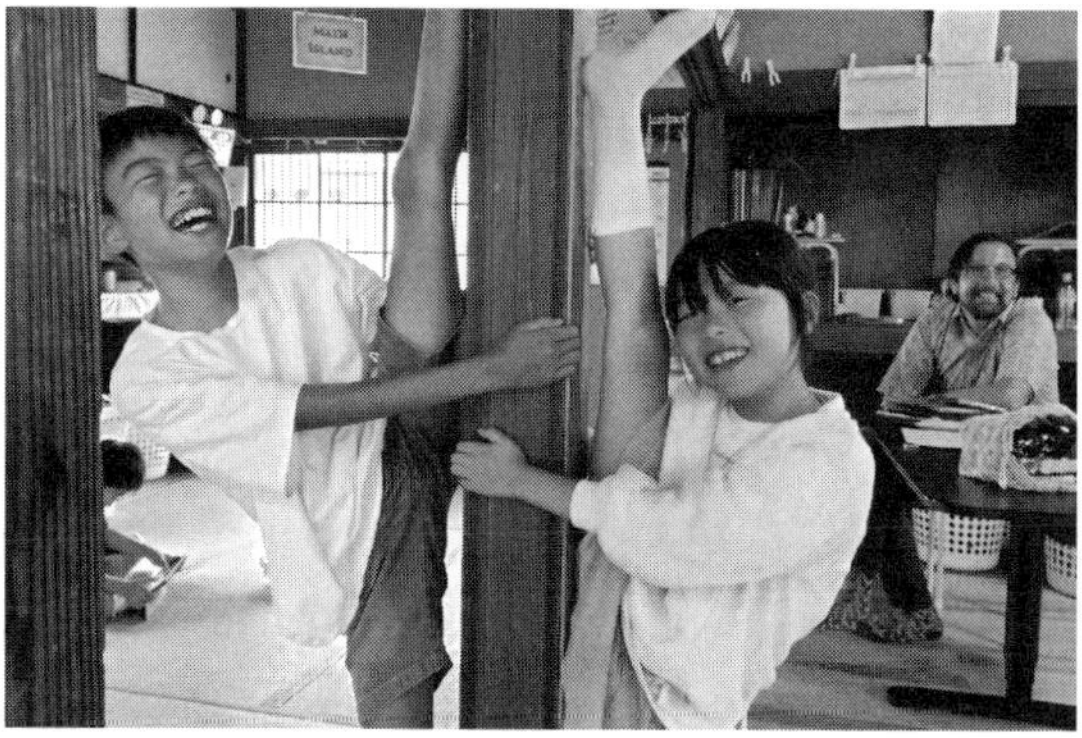

発想も身体も柔らかいのがホクレアクルー

ホクレアのように、独自の教育コンセプトを持って運営している「もうひとつの学校：オルタナティブスクール」は、近年日本でも増えている学びの場です。公立の小中学校に通っていたけれど、そこが合わずにホクレアにやってくる子もいれば、公立の学校も好きだけどホクレアの学び方のほうが成長できると感じて通い始める子もいますし、もともと親御さんが一条校の授業のやり方や指導などに疑問を持っていて、最初からホクレアに入ってくる子もいます。いずれの場合でも、親子ともにホクレアのコンセプトに共感してくれて、子ども自身が「ここに通いたい」と思ってくれているかどうかを大切にしています。

また、ホクレアだけでなく、多くのオルタナティブスクールでは、「子どもたちに全員共通の時間割を与えて、朝から帰りの時間までみっちり授業をする」というスタイルをとっていません。子どもの個性や探求心を伸ばすことを重視しており、子どもの主体性を育むようなカリキュラムを用意していたり、芸術や課外活動などの体験学習が豊富なところが多くあります。ホクレアも同様で、画一的な授業は一切ありません。

こういう話になると、「勉強は大丈夫なのか」と心配に思う方は多いと思います。私たちは、公立・私立・国立問わず、クラスのみんなで一斉に同じ授業を受けるのが当然として育ってきているので、そう思われるのは自然なことでしょう。

どんな未来がやってきても息子たちの世代が生き抜けるように

ただ、こうした画一的な授業は、学校生活の最後に受験があり、有名な大学に入って、大企業に就職して……という人生の安泰なモデルルートが存在していた時代ゆえに価値のあった授業スタイルです。しかし、世の中はめまぐるしく変化していて、今では有名な大学を出たからといって大企業に就職できるわけではないし、大企業に入れば絶対に安定かといえばそうでもなくなっているし、そもそも価値観の多様性が広がって、何がどうなったら幸せかは人それぞれ全然違う時代になっています。

ましてや、今の子どもたちが大人になる2050年頃は一体どんなふうになっているのか。そんなことは誰にもわかりません。ただ、AI（人工知能）は今よりもっと身近になっていて、人々の働き方が大きく変わっている。そして、地球環境は大きく変化し、大規模な災害が起こる危険性が増しているといった潮流は不可逆的です。

そうであれば、AI、働き方、地球環境などの状況を踏まえたうえで、どんな未来がやってきても生きていける能力やマインドを身につけることが本当に必要なことなのではないか？　そう考えるようになり、「どんな世界でもサバイブできる子を育てる」環境が今の日本には必要だと思ったのです。

その想いだけで、これまで教育関係の仕事とは無縁だった自分が「〝学校〟を創る」と覚悟できたのは、2つの先天性障害を持って生まれ、3歳で白血病を患った息子のイッサが楽しい日常を過ごしながらもたくましく育つ学び舎に通わせたいと思ったからでした。その小さな身体で何度も何度も手術を経験し、大人でもつらい闘病生活を懸命に生き抜く彼の姿を見守る日々の中で、とにかく「生きてい

「エコ掃除の達人」に洗剤を使わずエアコンクリーニングする方法を教わる

てくれればいい」という思いを募らせていたのです。「どんな世界でもサバイブできる子を育てる！」。このミッションは、数年間の息子との日々が土台になっているともいえます。

はじめこそ、自分の子どもと他の子どもで、愛情の大きさに差が出てしまったらどうしようなどと気になっていましたが、そんなことは心配無用でした。ひとたび開校してみたら、ホクレアの子どもたちは全員自分の子どものような感覚です。「歯が抜けたよ〜」と報告してくる子がいたら、感動して、じんと泣けてくるほど。

僕は「湘南ホクレア学園」の理事長という肩書きですが、ホクレアのスタッフや保護者の方々からは「リジチョー」と、そして子どもたちからは「リジ」と呼ばれています。僕

子どもも保護者もスタッフも手加減なしで楽しむのがホクレア（2023年ハロウィン運動会）

を見つけた子どもたちが「ねえ、リジ、一緒に遊ぼう！」と言ってくれるのが、僕にとってたまらなく嬉しい瞬間です。

さて本書では、湘南ホクレア学園設立の経緯から、〝学校〟の紹介、そしてオルタナティブスクール全体の未来について書いていきます。子どもの学び場の選択肢として、「オルタナティブスクール」という存在を知っていただきたい。また、子どもの個性を伸ばし輝かせるような、個性豊かなオルタナティブスクールがもっと増えてほしい。そして、子どもたちが、「自分はこんな人生を生きたい。だからこういう場所で学びたい」と、自分の行きたい学校を当たり前に自由に選び、決められる未来が早くやってきてほしい。そんな思いで本書の出版に至りました。

第1章では、教育と無関係だった自分がどうしてオルタナティブスクールを創ろうと覚悟を決めたのかについて書かせてもらいました。第2章では、2050年の世界を生きる今の子どもたちにとって、どのような学びやスキルが必要になるのかを考えて掲げた「建学の精神」について書きました。第3章ではオルタナティブスクールを始めると決めて開校するまでの怒涛の5ヵ月間について書いています。この第1章から第3章は「過去」の出来事を時系列でお話しさせてもらっています。

第4章では、2050年を生き抜く子どもを育てるために、湘南ホクレア学園がどのような学びや経験を提供しているのか、「現在」について書いています。そして第5章では、湘南ホクレア学園とオルタナティブスクール全体のこれからといった「未来」について、第6章では日本の教育システムのあり方についての「願望」を書いています。

このように本書では、過去・現在・未来の流れで書いていますので、第1章から順に読み進めていただければ嬉しく思います。

この本が、2050年の世界を生きる子どもたちの未来に貢献できたら、著者としてこれほど幸せなことはありません。

湘南ホクレア学園　理事長　小針一浩

第1章 「自分で〝学校〟を創ろう」と決意するまで

第2章 どんな世界でもサバイブできる子を育てる

第3章 準備期間5ヵ月でホクレア学園を開校

第4章 ホクレア学園って、どんなところ？

第5章 オルタナティブスクールの未来

第6章 子どもたちの選択肢を増やすために

第1章

「自分で“学校”を創ろう」と決意するまで

息子イッサの闘病生活、
そして回復後に親子で理想の小学校探しをする中で、
思ったこと、感じたこと。

息子イッサの誕生　2つの先天性障害が見つかる

はじめに、少し家族の話をさせてください。

僕が妻と結婚したのは2008年のことでした。リーマン・ショックが全世界に衝撃を与えた年です。私たちは子どもを心待ちにしていましたが、日々の激務やそれによる疲労、ストレスなどが原因なのか、なかなか子宝には恵まれませんでした。妊活も試みましたが、それも止めて、その後は自然の摂理に任せることにしました。

その後、1年ほど経ったある日、「もしかしたら、できたかも」と妻の小さな声を聞きました。

それから妻は定期的に産科を訪れ、エコー検査で撮影した胎児の写真を見せてくれました。「順調」と聞くたびに安堵の気持ちに包まれました。男の子であることが明らかになり安定期に入ると、「パパだよ〜」と話しかけながら妻のお腹をなで、ただただ無事に生まれてきてくれることを祈っていました。

そして、2015年10月。出産予定日当日に、静かに泣きながら生まれてきた我が子に、僕と妻の名前から1文字ずつ取って「一沙（イッサ）」と名付けたのです。

しかし、手放しで喜んでいたのも束の間。生まれてから数日後には、イッサが２つの先天性の奇形障害を持っていることがわかりました。出生児５０００人に１人の割合で発生するといわれる「鎖肛《さこう》」と、４０００人に１人の「二分脊椎症《にぶんせきついしょう》」です。

「鎖肛」とは、胎児が母体内にいる間に肛門が正常な位置に形成されなかった先天性の異常。そして「二分脊椎症（具体的には潜在性二分脊椎症）」は、脊椎に集中している神経が良性腫瘍である脂肪腫に包まれる疾患です。

脂肪腫は、カマキリの卵のように神経にまとわりつき、身体が成長するにつれて神経を圧迫するので、排便・排尿を自力で行うことが困難になったり、下半身の運動機能に障害が出て、歩くことができなくなってしまう可能性があるのです。また、脊椎の変形を引き起こすこともあるので、成長が完全に止まるまでは油断ができません。

この２つの先天性障害により、イッサは、生後６ヵ月で受けた血管腫のレーザー手術をはじめ、３歳までの約３年の間に全部で５つの手術を受けることになるのです。

鎖肛の手術は２回に分けて行われました。イッサの場合、肛門が本来あるべき位置とは異なる場所に存在し、直腸と適切に接続されていない状態で、医師からは「固形物を食べ始める前に手術をして、人工肛門をつけましょう」という提案がありました。

妻の顔が一瞬こわばったように見えました。「人工肛門って、最近流行りの人工知能みたいでイイんじゃない」なんて、よくわからない励ましをしつつも、自分自身とても動揺していました。というのも、まず自力で排泄できるようにするため、お尻に新たな肛門をつくり、それが機能するようになるまでの排泄手段として、お腹に人工肛門をつくるという大がかりな手術だったからです。ちなみに人工肛門というのは、何か特殊な装置を身体に取り付けるわけではなく、大腸を直接お腹の外に出して排泄を管理します。

でも、僕も妻も「それがベストな方法ならば」と、すぐに気持ちを切り替えて受け入れ、2016年7月、生後9ヵ月の身体のお尻と左脇腹にメスが入ることになりました。

新たにお尻につくられた肛門は、傷が完全に治るまで排便を行うことができません。その間は、左脇腹につくった人工肛門にストーマ装具と呼ばれる便をためる袋を取り付け、そこに排泄することになります。

でもイッサは、そんなこと気にも留めない無邪気な笑顔を見せてくれました。そんな彼の姿に、「何もできなくてごめんね」という気持ちでいっぱいになり、涙を抑えることができませんでした。

さらに5ヵ月後の12月。今度は、お尻の肛門を稼働させるため、左脇腹に出して人工肛門として使っていた大腸を縫合して、お腹の中に戻す手術です。術後は、傷が癒えるまで食事だけでなく水分摂取も禁止されていたので、喉がカラカラに渇いても何も飲ませてもらえない苦しい数日間でしたが、それも耐え抜き、年末には無事退院。そして新しい肛門から排便ができるようになり、鎖肛の手術は全て終了となりました。

そのときイッサは1歳2ヵ月。すでに3度の手術を経験し、そのたびに入退院を繰り返す1年でしたが、イッサはその間も順調に成長しました。子どもはたくましいと改めて思わされました。そして年の瀬には、ついに、ひとりで歩く姿が見られたのです。

嬉しかった。歩けるようになるというのは、当たり前のことのように思えるけれど、私たち夫婦にとっては決して「当たり前」ではありませんでした。生まれてすぐ、医師から二分脊椎症と伝えられ、イッサの歩行に障害が出るかもしれないと聞いていたため、この日がやってきてくれたことが、奇跡が起きてくれたと感じるくらいに嬉しかったのです。

しかしながら、二分脊椎症である以上、いつか排泄機能と下半身の運動機能に障害が起き、歩けなくなってしまうかもしれない。その可能性は決して避けられるものではありませんでした。

これまでも、鎖肛の治療を続ける一方、同時並行で、別の病院で二分脊椎症の検査入院や通院がありました。医師からは「神経にまとわりついている脂肪腫の量が多いため、排尿障害や下肢の痺れ、痛みが早く発生する可能性がある。痺れや痛みが起きてから手術しても手遅れだから、なるべく早めに手術するほうがいい」と言われていたのです。

こうして、二分脊椎症の手術を現実的に見据えだした頃、僕はある大きな決断をすることにしました。

優先順位の再考
仕事を辞めて湘南へ引っ越す

イッサはいつ歩けなくなるかもわからない。そうであれば、今すぐイッサと思い切り走り回って遊べる場所に引っ越そう。仕事も辞めて、イッサと遊ぶ時間を大事にしよう。それが決断でした。

僕は当時2つの会社の取締役を務めていました。1つは起業家を総合的に支援する会社、もう1つは小さな会社のブランディングを支援する会社です。どちらも、僕がいなくても回る組織だったことや、前者の会社では、僕自身が進めていたプロダクトが1つありましたが、コアとなる部分は完成していたこともあって、後任に委ねることにしました。

また、どちらの会社の株主でもあったので、株を他の取締役に譲渡することで手元にお金ができますし、妻は仕事を継続していたため、僕が仕事を辞めてもしばらくは家計が回るだろうという考えでした。

当時は、東京の世田谷に住んでいました。子どもを育てるなら公園のある街に住みたいという思いと、オフィスへの通いやすさを考慮して選んだ場所でした。ただ、仕事を辞めるのであれば、都心へのアクセスの良さを気にする必要はありません。もっと大自然に囲まれた場所で暮らせます。

「海と山の両方がある場所がいいな」。そう思っていたので、都心から近くて海も山もある神奈川県の鎌倉エリアで物件を探すことにしました。鎌倉駅から江ノ電に乗って、由比ヶ浜・極楽寺・稲村ヶ崎・七里ヶ浜と、週末ごとに各駅を降りて、まちを散策しながら物件を探し、最後に降り立ったのが藤沢市にある江ノ島駅でした。江ノ島に来たのは人生で初めて。

着いてみてびっくりしました。大きな水族館がある！　鎌倉のほうに比べて砂浜が広いぞ！　広々とした芝生広場のある公園や山もある！　ここなら、イッサと砂遊びをしたり、水遊びをしたり、芝生を走り回ったりできる。そうして、新居は湘南・江ノ島エリアに決まったのです。

そして、取締役をしていた会社をどちらも退任。会社には迷惑をかけることになってしまいましたが、「イッサが歩けるうちに思い切り遊んで過ごしたい！」という気持ちを優先させてもらうことにしました。
そうして仕事を辞めた1ヵ月後、2017年4月、私たち家族は湘南に引っ越しました。

傷は勲章
未来へ望みをつないだ手術

引っ越しから約2ヵ月後、鎖肛の手術の傷も癒えた頃、いよいよ二分脊椎症の手術を行うことになりました。腰にメスを入れて、切り開いた場所から腰の骨を5つほど外し、その先にある神経を覆っている硬膜にもメスを入れる。そして、神経に触れないよう細心の注意を払い、神経の周りにまとわりついている脂肪腫を取り除く。これまでで最もリスクが高く、難しい手術でした。

脂肪腫はかなり多く、神経にべったりくっついている状態で、それらを完全に取りきってゼロにすることはできません。ただ、外科医の先生には可能な限り取り除いていただきました。術後、家族控室に来てくれた先生の表情は明るく、その説明からは手応えがあったように感じ、僕と妻はホッと安心したのです。

そうはいっても、腰にメスを入れたイッサは、傷が完全に塞がるまでは仰向けになれません。また、傷口を自分の手でさわってしまう恐れもあったので、術後3日間はうつ伏せのまま、両手両足を拘束された状態で過ごさなくてはなりませんでした。顔はむくみでパンパン。「どうしてママもパパもいるのに、僕を戻してくれないの？　抱っこしてくれないの？」そう言われているようでつらく、心が痛みました。

ただ、今回の手術を乗り越え、僕と妻は感じていたのです。二分脊椎症と診断され、その聞いたこともない単語を帰宅後にインターネットで調べ、この子の将来に夫婦で涙した1年半前のことを思えば、どうにかなるものだと。

手術はまだあと1回残っているものの、最も難しい手術を乗り越えたイッサ。これまでの手術で身体は傷だらけです。そんなイッサの姿を風呂場で見るたびに、「この子は生きるために必死に闘ってきた。そして闘いを乗り越えてきた数だけ傷が刻まれてきた。だからこの傷は、彼が闘いを乗り越えてきた証。つまり勲章なんだ」と考えるようになりました。

命との対峙
小児白血病　366日の闘病記

2018年11月には5度目の手術を終え、ときどき通院を挟みながらも、私たちは日常を取り戻しつつありました。

砂遊びや海水浴をしたり、海の家で過ごしたり、水族館に行ったり。江ノ島でやりたかった遊びを思い切りできるようになりました。それから、しまじろうのコンサートにも行ったし、ふたりで仮面ライダーの映画も観に行った。ボウリングデビュー戦ではママに負けないスコアを出し、初めての金魚すくいでは3匹取れた。

アウトドアにもたくさん連れ出し、初めてのキャンプは芦ノ湖のほとりでとても寒かった。SUPボードの前にイッサを乗せたり、白馬にスキーやトレランに行ったりもした。

こういう当たり前の日々が、これからずっと続いていくんだと思っていた矢先でした。

「誕生日プレゼントは何がいいかな〜」。2019年9月、4歳の誕生日を1ヵ月後に控えたある日。数日前から熱が出ていたイッサが、この日「身体が痛いよ、身体が痛いよ」と突然さ

け び 始めました。かかりつけ医に連れていこうと身体にふれると「痛いからさわらないで！」と、さらに泣きさけびます。頭のてっぺんから足先まで、どこをさわっても痛いと……。

クリニックで血液検査をしてもらうと、ケガもしていないのに血中の炎症濃度が異常に高いことがわかり、即入院が決まりました。かかりつけのクリニックから市民病院へ、さらに数日後には大学病院へ。どんどん大ごとになっていく展開に、私たちはある程度の覚悟をせざるを得ませんでした。

大学病院へ移ると、医師から言い渡されたのは「急性リンパ性白血病の疑い。入院期間は10～12ヵ月」。

到着した初日に、今後の治療方針などが書かれた同意書を渡されます。「まだ疑いだよね？白血病と決まったわけじゃないよね？」そう思いながらも、あれよあれよという間にサインを求められ、書いていく。他の病院を検討する選択肢はないの？　そもそも薬漬けにならずに済む自然療法はないの？　いろんなことが頭をよぎります。

しかし、白血病の治療というのは、関連医学会によって標準治療があらかじめ定められているため、どこの病院でどの医師が担当になったとしても、治療の内容や手順が大きく変わることがありません。

また、白血病は発症した時点ですでにステージ4。放っておくと1ヵ月以内に死んでしまいます。そのため、自然療法という選択肢もありませんでした。

子どもの頃にテレビで観たドラマ『西遊記』の三蔵法師役で大好きだった夏目雅子さん。彼女が亡くなったときに、テレビ放送で「白血病は不治の病(※)」と刷り込まれていた僕が最初に思い出したのが、長澤まさみさん主演の映画『世界の中心で、愛をさけぶ』でした。闘病し亡くなっていった彼女の姿が頭に浮かんで、「近い将来イッサに会えなくなってしまうかもしれない」と思ってしまい、車の中、トイレ、風呂場など、ひとりになると涙が止まりませんでした。

イッサの発熱から1週間。
たった1週間で私たち家族の生活は激変したのです。

いつも隣で寝ているはずのイッサがいない。朝起きてから一緒にお風呂に入って、一緒に玉子焼きをつくって、「DA PUMP」のお気に入りの曲にノリノリになりながらご飯を食べて、一緒に歯を磨いて、テレビを観て、仮面ライダーごっこをして、保育園に出かける慌ただしい朝が懐かしいとすら思えてくる。せっかく湘南に引っ越してきたというのに、4歳という無邪気な時期を病室で過ごすことが悔しくてなりませんでした。

生まれてから今日まで、たくさんの課題を乗り越えて、やっと一緒にたくさん遊べるようになったと思っていただけに、このショックは私たち夫婦には大きすぎました。「4000人に

1人の潜在性二分脊椎症、5000人に1人の鎖肛、3万人に1人の小児白血病。この子は、なぜ、ここまでして、難病ばかりを受け入れていくのだろう?」「なぜ、険しい道ばかりを選んでいくのだろう?」と。

さらにイッサを苦しめたのが、二分脊椎症を抱える人が白血病になった前例が国内に無いという事実でした。

標準的な白血病治療では、腰椎周辺から抗がん剤を投与したり、検査のために髄液を抜いたりします。しかし二分脊椎症を抱えるイッサは、その場所を2年前に手術していて、投薬や検査のためとはいえそこに針を刺すと、歩行障害や排泄障害を起こす可能性が極めて高くなります。そこで、二分脊椎症の手術をした脳神経外科の主治医からは、腰に関しては白血病の標準治療を行わないでほしいという要望があったのです。

そのため、医師たちが考えに考えて出した解決策が、「脳から直接抗がん剤を投与する」という方法でした。脊髄というのは、脳から腰の辺りまでつながっています。まずは頭蓋骨に10円玉大の穴をあけ、500円玉大のシリコン素材のリザーバーを頭皮と頭蓋骨の間に埋め込み、そこから脳の中心部である脳室までカテーテルを通す手術を行う。そして、カテーテルを通じて脳室に直接抗がん剤を投与する、というものです。

この話を聞いたとき、「脳室までカテーテルを通すって、脳に何か障害は起きないのだろうか?」という疑問がありました。しかし、脳にはあまり使われていない部分があるらしく、そこを通過して脳室にアプローチするのは、水頭症の治療でも行われるので、脳への障害はあまり気にしなくていいということでした。とはいえ、幼児の小さくて密度の高い脳に針を通していくのは、難易度が高い手術です。

また、「もしリザーバーが壊れて皮下に抗がん剤が漏れてしまったら、顔は焼けただれてしまいます。もしカテーテルが損傷して脳内に抗がん剤が漏れたら、脳に障害が残ってしまいます」とも言われ、大きなリスクを伴っていることは間違いありませんでした。

でも、治療をしなければ、この子は数日で死んでしまいます。私たち夫婦に他の選択肢はなく、「この子を救ってください」と医師にすがることしかできませんでした。

手術当日、頭蓋骨に穴をあける場所の髪の毛を剃り、開頭部を油性ペンでマーキングされたイッサに、「いってらっしゃい」と言って送り出しました。手術慣れしているイッサは、いつもどおりの笑顔で手術室へと向かいます。

そして脳室までカテーテルを通す手術が開始されました。カテーテルを脳の少し奥へ押してはCTを撮影して位置を確認、そして少し奥へ押してはCTを撮影して位置を確認するという作業を、何度も繰り返し行いながら進行していきました。

「かなりうまくいきました！」それが、術後の執刀医の第一声でした。脳の画像を見ながら、「予定どおりです」「ベストな位置に刺せました」「すでに薬も投与しました」と、朗らかに説明をしてくれ、私たちは「会心の出来だったのだ」と確信しました。

これでようやく治療のスタートラインに立ったのです。

この頃「イッサにもしものことがあったら僕は……」、そんなことを考えながら毎日を過ごしていました。必ず生き抜いてくれると信じながらも、もしものときが来ても悔いのないように、面会開始の15時から消灯の20時まで、約1年間ほぼ毎日病院へと通い、彼との時間を大切に過ごしました。

同じ頃、競泳選手の池江璃花子さんが白血病と闘っていて、「こんな苦しい思いをするんだったら死んだほうがまし」と考えたことがあるという話をテレビでしているのを見て、厳しいトレーニングを乗り越えてきたトップアスリートの彼女ですら「死」を受け入れたくなるほど辛い治療なのだということを改めて思い知らされたのです。

イッサは、1日のほとんどをベッドの上で過ごしながら、抗生剤や抗がん剤の点滴を終日打ち、毎朝血液検査をして、抗がん剤を含む何種類もの薬を朝昼晩と1日3回飲まなければなりません。大人も戻してしまうほど不味い薬。最初は、飲み終えるのに2時間かかっていましたし、ときにはゲホッと戻しながらもイッサは頑張っていました。

治療中は、薬の副作用で満腹中枢が機能しなくなり、とにかく食べて、食べて、食べまくっていました。おかげで、お腹がはち切れそうなくらい出て、顔もパンパン。食べすぎて戻してしまうこともあったけれど、それでも食べ物の話ばかりして、またお腹が空く……の繰り返し。情緒不安定になる副作用もあり、鬱っぽくなることもありました。その時期は、僕が名前を呼んでも返事をしなくなり、倦怠感からか一度横になるとなかなか起き上がろうとしないことも。面会時間以外は塞ぎ込んでベッドの上で泣いていたようです。「もう頑張ってる！　もういっぱい頑張ったから、おうちに帰ってもいいの！　えーん、えーん……」と、抑えていた感情を爆発させて泣くこともありました。毎日付き添っていて、その頑張りは痛いほどわかっています。でも、どんなに辛くてもリタイアできない治療なので、僕は彼を抱きしめてなだめることしかできませんでした。

多くの人にとって日常であり、当たり前である「おうちに帰る」ということ。当時のイッサにとってそれは、当たり前ではなく「目標」でした。その目標のために、痛みや吐き気に耐え続けている4歳児の彼から、私たちはたくさんの愛と勇気をもらっていました。

イッサの入院していた小児病棟は、いつ何があってもおかしくない病状の子どもたちばかり。さっきまで一緒に遊んでいた子の容体が急変して、緊急手術になったという話も日常的なことでした。

普段経験することのない緊張した環境にいて、命の儚さ、それゆえの尊さを考える時間を過ごしてきたからでしょうか。「生きてくれているだけで有難い」という考えが当たり前のようになっていったのです。

そんなイッサの闘病生活を、毎日のようにFacebookに投稿していました。最初は、白血病になったことを人に知らせるかどうかも迷ったのですが、もしイッサに何かあったときに、彼が生きた証と頑張って闘病した日々の姿を残したくて、僕のFacebookに闘病記を綴っていくことにしたのです。

毎日のようにアップされる写真を見て、友人たちはコメントをくれました。イッサが調子の良いときはコメントを読んであげて、応援してくれているみんなと一緒に笑ったり泣いたりしながら、苦しい時間を乗り越えていったのです。

彼らからもらった恩を直接返すことはできないかもしれないけれど、無事に生きて退院したら、次世代のために「恩送り」をしていこうと、この頃から考え始めていました。


そして、たくさんの応援がイッサと私たち夫婦の生きるパワーとなって、日本で初めて、二分脊椎症を抱える白血病患者が無事に退院する日を迎えることができました。発症から366日目のことでした。僕自身、人生で一番長く感じた1年だったけれど、4歳のほとんどを病院のベッドの上で過ごしてきたイッサにとっては、さらに長い1年だったと思います。

※現在（2023年時点）の小児白血病の長期生存率は80％に上がっています。

乗り越えた試練
待ちに待った〝日常〟の再スタート

退院後も1年半ほどは服薬が続きましたが、それ以外はようやく「日常」に戻ることができました。入院前に通っていた保育施設の「ミリオン」にも戻りました。

ミリオン（正式名称：ミリオングローバルキッズ）は、日本の保育と英語によるグローバル教育を行う保育施設で、ここには、白血病を発症する3ヵ月ほど前に入園していました。

それ以前は、幼児教室も手がける認可外保育施設に通っていたのですが、そこは駅前のビルの中にあり、園庭がありませんでした。僕としては、外で思い切り身体を動かせる園で過ごしてほしいと思っていて、その後しばらくしてミリオンを見つけたのです。

ミリオンは園庭こそありませんでしたが、辻堂海浜公園という大きな公園のすぐ近くで、天気が良い日の午前中はほとんどそこで遊んでいるというのです。それに惹かれて見学してみると、実はプリスクールとして、80%くらいは英語で過ごしているとのことでした。

当時からイッサに「英語をやらせたい」と思っていました。世界中に仲間をつくるというのは間違いなく楽しいことだし、ネットがあるこの時代ですから、やろうと思えばすぐに行動することができます。そうであれば、今やらない理由がないという考えでした。

僕が英語を話せないので余計にそう思うのかもしれません。若い頃にアメリカを縦横断する旅をしたり、世界中のマラソン大会などに出場しているにもかかわらず、英語が全然できなかったので、現地で外国人の仲間をつくったりすることはありませんでした。同じ趣味を持った面白い人たちが世界中から集まっているのだから、仲間をつくっていたらもっと楽しかっただろうな、と思うのです。

イッサが入院することになったとき、私たち夫婦は「いつ戻れるかわからないし、戻れても何かと制限が多くなってご迷惑をおかけすると思うので、他の子を受け入れてください」とミリオンに伝えに行きました。でも、先生方は「イッサが戻るまで、ずっと待ちます！」と力強く言ってくれたのです。

それから400日後、イッサは年中さんになってミリオンに復帰。先生やお友だちとまた会うことができました。イッサのことをずっと待っていてくれた先生方には心から感謝しています。

ミリオンに戻ってからは、担任の先生にも恵まれ、イッサはたくさんの愛情を受けながら充実した日々を過ごしていました。そして、年中さん最後の発表会。「桃太郎」の英語劇をやることになり、なんとイッサは桃太郎役に抜擢されました。ミリオンに復帰してわずか半年程度で、クラスのなかでは一番英語ができなかったけれど、「病気と闘ってやっつけたイッサは、鬼を倒す桃太郎にぴったりだね」ということで、担任の先生が選んでくれたのです。

入院生活の長かったイッサですが、そこからだんだんと自信をつけていったように思います。あの桃太郎があって、今のイッサがあるんじゃないかと。

そして、このミリオンで代表を務めていたのが、現在ホクレアの学園長である「ユリ」こと杉山裕理江さん。そして年中のときにイッサの担任だったのが、日々ホクレアで子どもたちに向き合ってくれている「ミワ」こと鈴木美和さんです。その経緯は、第3章でまたお話しさせていただきます。

学校探し①
学校や教育に何を求める？

「イッサは小学校どこに行くの？」

ある日、地元のママ友と朝のジョギングをしているときに聞かれました。イッサが生まれてからずっと検査・入院・手術・退院・通院の繰り返しで、日々を生きることに精一杯だった私たち。教育方針や、どこの小学校に通わせたいかなど、きちんと考えたことがありませんでした。でも、このときイッサはもう年長さん。「あ、そうか。未来を考えるときがきたんだ!」と目が覚める気持ちになりました。

湘南ホクレア学園という、一般的な小学校とはかなり異なる〝学校〟を創ったことから、「もともと教育に関心が高かったんだろう」とか「子どもの頃から『学校』というものに不満があったのかな?」と思う方がいらっしゃるかもしれませんが、僕にはそういったことが全くありませんでした。小さい頃は小学校が好きで皆勤賞でしたし、大人になってからも教育には特に興味がありませんでした。

うっすらと考えていたことといえば、子どもには集団競技でチームワークを身につけさせながら、同時に個人競技も経験させたい、ということぐらいでしょうか。サッカーや吹奏楽など、集団ですることを通して「誰かのために頑張る」という経験をして利他の精神を身につけてほしい。一方で、テニスや将棋など、個人競技を通して、誰の助けもないところで自分の力だけでやり抜く精神的強さを身につけてほしいと。それらは、公立小学校に通いながら経験できることですし、イッサが特に病気を患っていなければ、ふつうに学区の公立小学校に入れていたんじゃないかと思います。

ただ、イッサは二分脊椎症を抱えており、腰の手術もしています。この先も、背中を強打するようなことは避けなければなりません。白血病の再発を考慮して、脳にはカテーテルを埋めっぱなしです。医師からは、柔道やその他格闘技はもちろん、サッカーやラグビーなどボディコンタクトのある競技もＮＧだと言われていました。

体育の授業で先生に配慮してもらうことはできるでしょう。しかし、体を動かすことが大好きなイッサのことですから、みんなが楽しそうに競い合っているようすを我慢して見学することはできないでしょうし、我慢するくらいなら学校を休みたいと言うのが想像できます。イッサの頭と腰のことを考えると、「学区の学校だから」という理由だけで通わせるのはあまり良い選択ではない気がしたのです。

そんななか、近くの私立小学校のパンフレットを見てみると、それがなかなか良いところでした。広い校庭、ＰＣ教室と図書館を兼ねた学習室、夏には海での活動があり、環境意識が高く、アフタースクールのプログラムも充実している。何より、知り合いの子どもが何人か通っていて、彼らからの評判が軒並み良かったのです。イッサは年長の夏、この私立小学校を受験。面談も行い、秋には合格をもらいました。

ただ、この私立小学校の受験を進めながらも、「そもそも僕は、学校や教育に何を求めているのだろう?」と考えていました。鎖肛、二分脊椎症、白血病という稀な病気の数々を乗り越えてきたイッサ。歩けなくなってしまうかもしれない。死んでしまうかもしれない。そんな現実を目の前にして、私たち夫婦はこれまで何度も厳しい決断と覚悟をしてきました。特に白血病治療のために行った手術と抗がん剤治療では、脳や顔に障害が残るかもしれないという大きなリスクがありました。でも、「命だけは救いたい。生きてさえいてくれればいい。〝万が一〟が起きたとしても、生きてさえいてくれれば、未来の医療に望みを懸けることもできるかもしれない」。これが私たち夫婦の答えだったのです。

「優秀でなくていい。どんなことがあっても、生きてくれてさえいればそれでいい」という、入院中のイッサへの思いが蘇りました。そこで、受験や進学のための学習をする学校ではなく、**「生きる力を養える学校にイッサを入れよう」**と考え直したのです。

学校探し②
生きる力を養える学校を追い求めて

そして、以前、友人のFacebookの投稿で見た、インドネシアのバリ島にある「グリーンスクール」の存在を思い出しました。

バリのジャングルの中にある、竹でつくられた壁のない教室。学校の敷地内にある水力発電の巨大なタービン。環境に特化した体験型の授業。「何だ、これは!? こんな学校があるのか!」というのが最初の感想でした。

ひと昔前は、海外の学校といえば、世界のトップエリートが集まるスイスのボーディングスクールや、イギリスのパブリックスクールといった、厳格な環境で学びエリートを養成するといったイメージだったと思います。しかし、グリーンスクールは全く違いました。

「A community of learners making our world sustainable（私たちの世界を持続可能なものにする学習者のコミュニティ）」をミッションに掲げ、持続可能な社会におけるリーダー育成を目指している学校で、「世界一、環境に優しい学校」などとも言われています。日本でいう幼稚園の年齢から、小学校、中学校、高校まであります。

校舎はほとんど竹と木材でつくられ、壁も窓もドアもありません。竹の隙間から差し込む太陽の光を天然の照明としているため、電気の照明は使いません。その他の電力は、学校の敷地内に設置された太陽光パネルと水力発電で多くをまかないます。スクールバスは「バイオバス」と呼ばれ、提携しているレストランやホテル、大学からもらった使用済みの油でバイオディーゼル燃料をつくり、それを燃料にして動かします。

授業のスタイルも日本の学校とは大きく異なります。日本では基本的に、教室の中で席に座って、先生ひとりが生徒たちに教え、生徒たちはそれを覚える、という一方向の授業がほとんどだと思います。そして、授業の内容が定着しているかをテストで確認して終わり。グループワークなどを授業に取り入れる学校も増えてきていますが、スタンダードにはなっていません。

竹でつくられたグリーンスクールの美しい校舎。設備や備品のほとんどが自然素材でつくられている

一方グリーンスクールでは、「学習科目（読み書き、数学、科学など）に焦点を当てた指導は重要だが、直接の経験や応用がなければ不完全である」「生徒は、何を教えられたかよりも、どのように教えられたかによって多くのことを学ぶ」として、野外活動や体験学習を通した学びや、プロジェクトベースの授業が非常に多くあります。学んで終わりではなく、その後に自分の意見を述べるディスカッションやプレゼンテーションも重視されています。

また、選択授業が多いことも大きな特徴です。子どもたちには、生まれ持った創造性と好奇心があり、それぞれ興味のあることや学び方が異なります。「自分の興味があることを自分で選び、追求する機会を与えられることで、自身の学びに対して誇りを持ち、主体的に取り組む力が育まれる」「生徒は、自らの『学習の旅』をリードする権限を与えられたときに成長する」ということで、小学校から選択授業を導入し、中学校、高校と学年が上がるにつれてその比重が増していくのです。

先ほどの「バイオディーゼル燃料をつくる」というのも体験プログラムのひとつです。こうした環境や社会への影響を中心に厳選されたプログラムを通して、実際に自分たちが直面している問題の解決策を見つけるという「本当の学習」を体験できるのです。

「環境への意識」は未来を考えるうえでとても重要だと思っています。以前、コンサルティング会社を経営していたときに、農業法人を運営していたことがあり、当時はさまざまな環境問題の深刻さを身近に体感しました。

たとえば「ミツバチの急激な減少」です。ミツバチの生態系が私たちの生活にどれほど関係あるのか？　と思われる方も多いでしょう。２０１１年の国連環境計画（UNEP）の報告で、「世界の食糧の90％を供給する１００種の作物のうち、70種以上がミツバチによって花粉媒介されている」と言われているほど、実は、ミツバチは私たちの生活に重要な役割を果たしているのです。しかし、地球規模での気候変動や温暖化により、ミツバチにとって天敵であるダニや寄生虫が増えていること、また、それらを駆除するために、ミツバチにとって有害な農薬が散布されるようになったことなどを要因に、大量のミツバチが地球上から姿を消しています。このままミツバチが減少していけば、私たちはいずれ、今までのように野菜や果物を食べられなくなるかもしれません。また、植物が育たなければ森林の減少につながり、地球温暖化はさらに加速するでしょう。同様の問題は海の中でも起きています。実は、思っている以上に環境問題は身近に影響していて、軽視できるような段階ではないのです。

自分たちの子どもが大人になる頃には、環境は今よりもっと悪くなっているでしょうから、これからの時代を生きていくうえで環境問題は避けては通れません。また、近年多くの企業でＳＤＧｓへの取り組みを意識しているように、環境を壊して金儲けする時代は終わりつつあります。これからは、環境を良くすればするほど売上が上がり、成功するようなビジネスが求められていくでしょう。ＣＳＲなどの社会貢献としてではなく、きちんとビジネスとしてやっていくにはどのようなソリューションがあるのか。会社を経営しながら考えていたことです。

こうした自分の考えもあり、グリーンスクールの環境への意識の高さや、それらを学習の中にうまく取り入れた教育には惹かれました。また、世界中から仲間が集まり、共に体験し、学び、意見し合える環境や、個人の興味に合わせて学びを追求するスタイルにも強く共感しました。

「ぜひとも説明会に足を運び見学したい！」と思い、学校とコンタクトを取ったりもしたのですが、当時はちょうどコロナ禍真っ只中。残念ながら、実際に現地に飛ぶことができず、断念せざるを得なかったのです。

しかし、グリーンスクールの存在は、僕にとって教育を考える大きな転換点となりました。そこからいろいろ調べていくうちに、日本にも独自の教育コンセプトを持った個性豊かな学校がたくさんあることを知ったのです。

オルタナティブスクールという「もうひとつの選択肢」を知る

日本には、公立、国立、私立の学校といった、公的に認められた教育の場以外にも、「オルタナティブスクール」と呼ばれる学びの場があります。「alternative（オルタナティブ）」は

「もうひとつの」とか「代替案」などと訳されます。ですから「オルタナティブスクール」は「公的に認められた学校」に対する「もうひとつの学校」という意味になります。

フリースクールやインターナショナルスクールをイメージするとわかりやすいでしょうか。いずれも文部科学省の管轄ではない独立した教育現場です（学校法人のインターナショナルスクールを除く）。「公的に認められた学校以外の学び場」というと、学校に馴染めなかった子が行く場所、外国人の子が行く場所というイメージを抱いている方も多いかもしれませんが、最近はその傾向も変わってきています。

まずインターナショナルスクールには、外国籍の子どもだけでなく日本人も通っています。英語を本格的に身につけさせたいという理由でインターナショナルスクールを選択する家庭が増えているのです。

また、最近特に増えてきているのが、インターナショナルスクールでもなく、フリースクールともニュアンスの異なる、「独自の理念や教育コンセプトを掲げ、ユニークなカリキュラムを展開する学びの場」です。実際に、「子どもの個性を伸ばせる環境で学ばせたい」「もっと自由な雰囲気の学校で学ばせたい」といった積極的でポジティブな思いから、こうしたオルタナティブスクールを探す保護者も増えてきています。

公立、国立、私立などの公的に認められた学校は、文部科学大臣の定める設備や編制などに則っており、授業は「学習指導要領」に基づいて進められます。一方で、オルタナティブスクールでは、先ほども述べたとおり独自の理念や教育コンセプトのもとにカリキュラムが組まれています。特に、子どもが本来持っている探求心や個性を大切にし、子どもの主体性を育むようなカリキュラムを用意しているところが多くあります。〝学校〟によって特色はさまざまですが、少人数での学習、芸術や課外活動などの体験学習、異年齢での活動を取り入れているところが多く、学習プランや生活のルールを自分たちで決めるところもあります。また、大人は子どもに「教える」存在ではなく、「子どもたちの未知なる可能性を引き出す支援をする」存在であるという考えが根底にあります。

「独自の教育コンセプトって何？」と思われるかもしれませんが、日本で最も有名なのは「モンテッソーリ教育」でしょう。アメリカのオバマ元大統領や、アップル創業者のスティーブ・ジョブズ氏、アマゾン創業者のジェフ・ベゾス氏、日本人では棋士の藤井聡太さんなどがモンテッソーリ教育を受けたことで知られています。

「自立していて、有能で、責任感と他人への思いやりがあり、生涯学び続ける姿勢を持った人間を育てる」のがモンテッソーリ教育の目的で、「教具」と呼ばれる玩具を用いて、身体的・心理的発達に合わせた遊びを通して学ぶ、という特徴があります。最近では「おうちでできるモンテッソーリ」などとうたう書籍やウェブサイトも多く、0歳から遊びの中にモンテッソーリ教育を取り入れる親御さんも増えています。

モンテッソーリ教育以外にも、「シュタイナー教育」「デモクラティックスクール」「ドルトンプラン教育」「イエナプラン教育」など、世界中で生み出されたさまざまな教育スタイルが存在し、これらを取り入れたオルタナティブスクールが日本にも増えつつあるのです。

オルタナティブ教育「イエナプラン」と葉山のオルタナティブスクールとの出会い

こうした、さまざまなオルタナティブ教育を紹介する書籍を次から次へと読んで調べていくうちに、最も惹かれたのが「イエナプラン教育」でした。

イエナプランは、約100年前にドイツのイエナ大学教授ペーター・ペーターセン氏によって創始され、オランダで発展してきました。当時、ヨーロッパの学校は、現在日本でも行われている画一一斉授業が主流だったそうです。黒板を背にして先生が教壇に立ち、その先生のほうを見ながら数十人の子どもたちが整列して座り、同じ教科書を使って一斉に授業をする。当時の教育者たちは、この画一一斉授業に対し、主に4つの問題点を見出しました。

①一人ひとりが自分にとって最適なテンポで学べない
②一方的に教えるだけの授業で子どもたちが受け身になる

③子ども同士の交流が生まれない
④今まさに世界で起きている出来事を学ぶ余裕がない

イエナプラン教育では、学校を「知識を学ぶ場」だけではなく、「社会に出る準備の場」として捉えているのが特徴です。「子どもの個性をつぶして、皆と同じように行動する人間をつくる場であってはならない。自分の得意なこと、それから不得意なことに気づいて、自分らしく成長するための場である」と考え、「ユニークな自分を知ること、仲間を尊重し仲間から学ぶこと、生きた世界の中で学び生きた世界に貢献すること」を大切にしています。またペーターセン氏は、権威的な言葉を非常に嫌い、教師や先生ではなく、あえて教育者や養育者という言葉を用いました。現在オランダのイエナプラン校でも、「先生」ではなく「グループリーダー」という呼び方をしているそうです。

調べてみると、イエナプラン教育とデンマークの教育を取り入れているオルタナティブスクールが同じ神奈川県の葉山にあることを知りました。そこで、家族揃って見学に行くことにしたのです。

「〝自分のどまんなか〟で生きる力をはぐくむ」をミッションとして掲げる「ヒミツキチ森学園」の校舎は、自然豊かな葉山の古民家でした。その中で、イエナプランの最大の特徴である「異年齢学級」のもと、子どもたちが生き生きと活動していました。

一般的な学校では同学年でクラスが構成されるのに対して、ここでは小学1~3年生のクラスと、小学4~6年生のクラスという編成です。大人の社会と同じように、異年齢の人たちと共に学び、教える立場も教えてもらう立場もこのサイクルの中で経験できるようになっていたのです。大人が一方的に教えるというやり方ではありません。大人は「先生」ではなく、「グループリーダー」と呼ばれ、子どもたちに常に問いを投げかけ、その先にあるさらなる問いを引き出す役割を果たしていました。

また、画一一斉授業ではなく、「プロジェクト」を中心とした学びや、それぞれのペースに合わせた「個別自立学習」。ひとつのプロジェクトを通してさまざまな教科の学びが展開されていたり、子どもたちが自分で1週間の学習計画を立て、振り返りを行っているのです。

こうした一つひとつが僕にとっては新鮮で、驚きばかりだったのですが、何より子どもたちがリラックスしながらも生き生きと、主体的に意欲を持って学んでいるのが印象的でした。気がつくとイッサも仲間に入れてもらって塗り絵を始めていたのです。

帰りの車の中でイッサが、「パパ、イッサはさっきの学校に通いたい」と言いました。僕も「ここに通えたらいいな~」という気持ちになっていたものの、一次募集はすでに終わっていて、二次募集の定員枠もほぼなく、受け入れてもらえる可能性は低いと事前に聞いていたことや、英語教育も続けていきたいという考えもあって、諦めることにしたのです。

挑戦の始まり〝学校〟を創ると決意する

小学校入学があと半年に迫った2021年10月。引き続き海外の学校も調べてはいたものの、コロナ禍で見学どころかその国にすら行けない状況だったので、国内に絞ることにしました。ただ、「ヒミツキチ森学園」以外に、イッサも僕も行きたいと思えるところが見つかっていませんでした。

そこで、以前からぼんやりと考えていた「行きたい学校がなければ、創るのもありだよね?」という考えが再浮上してきました。というのも、実はこの年の夏頃に、イッサの通っているミリオンの代表であるユリ（現ホクレア学園長）に、イッサの進学先の相談をした際に、「ミリオンの上の階に新しい〝学校〟でも創っちゃう?」なんて冗談交じりで話をすることがあったのです。

とはいえ、実際に〝学校〟を創るとなると、大きな2つの覚悟が必要でした。「もし〝学校〟を一度始めたのなら、イッサが卒業しようが、途中で退学しようが、そんなことは関係なく、より良い学び場になるように常に進化させていく」という覚悟と、「どんなに赤字経営だったとしても、僕が死んだとしても、ひとりでも通いたいと思ってくれている生徒がいる限りは絶対にやめない」という覚悟です。

つまり〝学校〟を始めるということは、人生をかけて、学校経営と運営に全力を尽くさなければならないということです。子どもたちの未来を担うという重責を考えれば考えるほど、どうしても気軽に「〝学校〟始めま〜す」なんてことを軽く口には出せなくて、自分が主体となって始める覚悟がなかなかできないでいました。

そして、受験していた私立校から合格通知をもらった10月末。「この学校行く？」とイッサに質問すると「う〜ん、どうしようかな……」と渋るような返答で、心から「行きたい！」という気持ちではないことが伝わってきました。

そこで、ひと呼吸おいて「もしパパが〝学校〟を創ったら通いたい？」と聞いてみると、僕の目を見て、満面の笑顔で、「うん！　行く‼」と即答されたのです。その瞬間に僕の覚悟は決まりました。

そして、ミリオンの代表ユリをランチに誘って、〝学校〟設立について改めて相談したところ、「手伝うよ！」と背中を押してもらい、オルタナティブスクール設立に舵を切ることになったのです。

第2章

どんな世界でもサバイブできる子を育てる

ホクレア学園のミッション、
大切にしている3つのこと、
そのために育みたい3つのスキルについて。

イッサたちが働き盛りとなる２０５０年の世界とは？

２０２１年10月26日、僕はFacebookに学校設立を宣言する投稿をしました。

「『未来がどんな世界、どんな社会になってもサバイブする子が育つ学校を湘南につくりたい』って考えてます。今から準備を始めるので来春に間に合うかどうかわからないけど、チャレンジしてみます。アウトプットがまとまったら、どんな学校をつくりたいのかぜひ話を聞いてください‼」

理想の学びの場をつくろうと覚悟してから、僕は息子のイッサにどんな大人になってほしいのか、頭に描いていたイメージを具体的にテキストへとアウトプットし始めました。前章で述べたとおり、〝学校〟を創る以上は「イッサが卒業しようが途中で退学しようが、継続・進化させていく」覚悟です。しかし、事の発端であり最大の目的は「イッサのための〝学校〟を創る」ことです。なので、まずはイッサにどんな大人になってほしいのかを考え、そこから何をどう学ぶ環境をつくっていくか整理することにしました。

そこで、イッサ世代が「働き盛り」になるであろう30代半ばに照準を合わせることにしました。なかには家庭を持って子育てし始める人も多い年頃でしょう。2015年生まれのイッサが35歳になる年は、ちょうど2050年。それなら「2050年はどんな世界になっているのだろう？」と考えることにしたのです。

まず1つ、避けて通れないのが**「地球温暖化と環境破壊」**。

これらは私たちの生活とは切っても切り離せない問題です。湘南のビーチも、砂浜が年々減少していて、今ではビーチが消滅してしまった場所もあります。漁をやっている友人たちは、湘南しらすで有名な相模湾でも、その漁獲量が減っていると嘆いていました。

このまま温暖化が加速し、異常気象や森林減少がさらに深刻になっていったとき、「2050年には東京や神奈川の気温は何度になっているんだろう？」「猛烈な台風や豪雨、熱波や森林火災はどれほど増えるのだろうか？」「農業や漁業に深刻な影響が出ると予想されるけど、2050年の食糧事情はどんなことになっているのだろうか？」など、目を背けることのできない課題は山積みです。

次に**「大規模地震」**の可能性があります。

２０２３年、日本政府は「20年以内に60％程度の確率で南海トラフ巨大地震が起きる」と、発生が迫っている警告をしています。気象庁のウェブサイトによれば、「静岡県から宮崎県にかけての一部では震度7となる可能性があるほか、それに隣接する周辺の広い地域では震度6強から6弱の強い揺れになると想定されています。また、関東地方から九州地方にかけての太平洋沿岸の広い地域に10ｍを超える大津波の襲来が想定されています」とのこと。ということは、日本の広い地域で、東日本大震災を超える被害の発生が考えられます。

遠浅の海が広がる湘南エリアでは、「いつ起こるかわからない未曾有の大災害が起こったとき、どのようにして自らの命を守るか？」というのは非常に切迫した問題です。

そして、**「テクノロジーの進化と労働移行」**も容易に想像ができます。

これからは、ＡＩ（人工知能）、ブロックチェーン（Ｗｅｂ３）、ＭＲ（Mixed Reality＝複合現実）、ロボットが有機的につながった世界がやってきます。

ＡＩは博学すぎるほど博学です。世界中の論文や書籍のデータが全てインプットされていく相手に、人間が知識量で競争を挑んでも勝てるはずがありません。「知っている」は、もはや意味を持たない時代になってきています。これは、次世代の学びを考えるうえで重要なことではないでしょうか。

働き方も当然変わります。疲れることを知らず、文句ひとつ言うことなく24時間働いてくれて、しかも毎月の給料も不要であるロボットを相手に、人間は労働量では敵いません。一見するとAIとはかけ離れていそうな農業・漁業の現場においても、今ではAIを用いた技術が使われています。作物のハウス内を適切な室温・湿度に保ちつつ、土の中の養分を計測して最適な状態を保ったり、自動運転の漁船でAI搭載の漁群探知機が魚を探したりして、自動投下機能で網を放つことだって可能なのです。

オフィスワークでも、仕事は奪われつつあります。テーマと目的を伝えるだけで、AIは大量なデータから必要なものを取捨選択して、写真や動画入りのプレゼン資料をつくり、さらには、ものの数秒から数分で、それらの資料を多言語化してくれるのです。人間が介在しなくても、プレゼンを滞りなく行うことができてしまいます。

2050年がそのような社会であるならば、**「そのときを働き盛りの年代で迎える子どもたちは、どんなふうに生きていくのだろう？　人間にしかできないこと、人間が大切にすべきことは何だろう？」**と考えなければなりません。

データをもとに、ある程度の未来を予測・予想できたとしても、それをはるかに超える、誰もが経験したことのない未来がやってくるかもしれませんし、意外と今と変わらない未来かもしれません。世界経済の中心はアメリカにあるかもしれませんし、2050年に人口が倍増するアフリカに移っているかもしれません。

核戦争が起きて『北斗の拳』や『ターミネーター』のように荒廃した陸地の世界や、地球温暖化によって海面上昇した『ウォーターワールド』のような水の世界で、弱肉強食の時代を生きることになるかもしれません。いやいや、そんなのとんでもない、『ドラえもん』に描かれたようなＡＩロボットと協働共生する未来がやってくるかもしれません。

いずれにせよ、人類の誰もが経験したことのない世界を今の子どもたちは歩んでいくことになります。つまり誰もが経験したことのない世界を、どれほど考え、想像してみたところで、「次世代のためにどんな教育をすべきか?」という答えは見つかりはしませんでした。

一方で、強烈に湧き出てきたのは、**「たとえどんな時代がやってきても、子どもたちに生き抜いてほしい。そして、どんな世界であったとしても、前向きにたくましく生きられる人になってほしい」**という願いでした。

データをもとに未来予測をし、それをベースに教育を考えて提供して、その予測が外れて子どもたちの未来に不利益を与える可能性があるのであれば、「教育する」こと自体をやめようと決めました。つまり「大人の知識や経験で『教え育む』」ことを捨て、「子どもが自分の意志で『自ら学ぶ』」ことを支える〝学校〟を創ることにしたのです。

そして、**「どんな世界でもサバイブできる子を育てる!」という、湘南ホクレア学園のミッション(建学の精神)**が生まれました。

サバイブ３×３「大切にすること」と「育むスキル」

「どんな世界でもサバイブできる子を育てる」というミッションを決めた後、大切にしたいビジョンや信念、またサバイブするために必要なスキルなどを次から次へと書き出してみました。それらを整理してできあがったのが**「大切にしている３つのこと」**と**「育む３つのスキル」**で、これを**「サバイブ３×３」**と名付けました。

大切にしている３つのことは、「Vision：世界中に仲間をつくる」「Will：自分で決める」「Principle：リミッターを外す」、育む３つのスキルは「コミュニケーションスキル」「起業スキル」「アウトドアスキル」です。それぞれ簡潔に説明すると次のようになります。

大切にしている3つのこと

1 ▶ Vision：世界中に仲間をつくる

今は地球の裏側の人と、ほぼ無料でビデオ通話できる時代。仕事も趣味も、国境を意識せずにつながるようになってきています。ホクレアでは、世界中の学校とオンラインでつながり、さまざまな国の子どもたちと友情を育み、卒業するときには世界中に仲間ができていることを目指します。

2 ▶ Will：自分で決める

自分で決めることで、他の誰かではなく「自分の人生」を生きる子どもに育ってくれます。なりたい自分を見つけ、自信を持って成長していくために、何かを「やる」と決めるのも「やらない」と決めるのも、教員や親ではなく自分。自分の意志で決め、自分で責任が取れる自立した子を育てます。

3 ▶ Principle：リミッターを外す

子どもの「やりたい！」と「学びたい！」は、子どもの才能開花の入り口。それが「宇宙に行きたい！」といった難しいことだとしても、大人のバイアスで子どもの意欲にリミッター（制限）をかけるのではなく、どうしたら実現できるかを考え、ときには「その道のプロ」に来てもらい、どんどん実現していきます。

育む3つのスキル

1 ▶ コミュニケーションスキル

世界の誰とでも仲間になれるコミュニケーションスキルを育みます。言語の習得だけではなく、異なる文化・宗教・価値観を尊重できることが必要です。また、オンラインでの協働も増えていくため、ＡＩやロボットとのコミュニケーションも含みます。

2 ▶ 起業スキル

「良い大学を出て大企業に就職する」というモデルルートが崩壊し、かつ、さまざまな仕事がＡＩなどに代替されつつある現在。不確かな未来で、自分の人生を切り拓いていくために必要な、世界のどこにいても新しいことを創り出せる力を育みます。

3 ▶ アウトドアスキル

地震や台風などの自然災害は、いつどこで遭遇するかわかりません。災害時どんな状況でも、落ち着いて「自分の命を守る」行動を取れるようにするとともに、自分と自然とのつながりを意識し、地球環境に関心を持つこと、また、生涯続けられるスポーツと出会い楽しむことを目指します。

Vision：世界中に仲間をつくる

大切にしていることの1つ目は、「世界中に仲間をつくる」というビジョンです。かく言う僕自身は、世界中にいろんな国籍の友だちがいる人間ではありません。若い頃にアメリカを縦横断する旅をしたり、世界中のさまざまなマラソン大会などに出場したり、世界一周の旅もしたことがあります。ただ、英語ができなかったこともあって、外国の友だちをつくることはありませんでした。後悔しているわけではありませんが、もったいなかったな、と思います。

言葉や肌の色・目の色が違っても同じ趣味を持つ人、日本人の僕とは全く異なる考え方をする人、地球の裏側で僕の見たことのない景色を見て、日本ではあり得ないようなエキサイティングな経験をしている人。そういう人たちと仲良くなり、友情を育んでいたらどうだったのだろうか？　もともと会社経営をしていた僕だから、彼らと一緒にビジネスを立ち上げていただろうか？　お互いの国を行ったり来たりして、世界をもっと小さく感じていただろうか？　そんなことをたまに考えることがあります。

今は、地球の裏側の人と、いつでも、ほぼ無料でビデオ通話のできる時代です。僕が初めての海外旅行でアメリカに行った30年前には考えられなかったほど、世界は身近になりました。

大切にしている3つのこと

育む3つのスキル

どんなビジネスも、国内だけをマーケットとして考える時代ではなく、働く仲間も日本人だけではなくなっています。ゲームの世界では、世界中のプレイヤーとつながって協力し合ったり、対戦するのが当たり前になっています。教育の世界では、子どもが自習用に問題をつくったものをアプリ上で全世界にシェアして、世界中の参加者がその問題を試すことができ、さらにその問題を評価することもできるのです。今後は、さらに国境を感じることなく学び、遊び、働く時代になっていくでしょう。

ホクレアも人のつながりでできています。たとえば、子どもたちが「やってみたい！」「もっと知りたい！」と興味関心を抱いたことで、どうしてもホクレアスタッフでは実現できそうにないことは、「その道のプロ」を外部からお招きして話をしてもらう「達人授業」を行っています（第4章で後述）。
達人先生の大半は、仕事やスポーツ、友人知人の紹介を通じて知り合ってきた旧知の友人たちです。ホクレアを開校する際、「ホクレアの子どもたちのために何かできることがあれば手伝うよ」と心強い言葉をかけてくれた方たちばかりです。
「未来の日本を担う子どもたちのために自分にできることがあれば！」という純粋な思いでつながっていく。つながりが新たなつながりを呼んで、点と点が結ばれ線となり、線が紡がれ糸となり、今までつくれなかったものが徐々につくれるようになっていく。それはとてもワクワクすることです。

そして、こうしたつながりは日本国内にとどまる必要はありません。「一緒にやりたい！」と、同じ目的や興味を持った世界中の人たちとつながって、多くのことが今すぐに始めることができるのです。オンラインの世界は、一部の国や地域を除いて、国境のない白地図の世界です。ジョン・レノンが夢見た「Imagine」の世界は、オンライン上で実現されつつあります。ですから、子どもたちにおいても、近所の友だちも大切ですが、それだけにとどまっているのはもったいないないと感じています。

ホクレアはビジョンとして「世界中に仲間をつくる」を掲げているとおり、**ホクレアを卒業する頃には世界のあちこちに友だちができている、というのが目標**です。日本に興味を持ってくれている世界中の学校や施設とオンラインでつないで、コミュニケーションをとることで、それは現実化されます。

具体的な手段として検討しているのが、VR（仮想現実）とAR（拡張現実）を使った世界中の友だちとの交流です。まずはビデオチャットで顔合わせをして、コミュニケーション言語として英語を使いながらお互いの国や地域について発表し合うことから始まります。お互いの文化や伝統に興味を持ち、さらには互いの言語を教え合ったり、その国の歌を一緒に歌ったりすることで、言語と文化の懸け橋を築きます。そして、VRやARを活用して、お互いの国の名所や文化、歴史をバーチャルで一緒に体験しながら、クイズなどを通じて知識を深めます。また、国際プロジェクトを立ち上げて、世界各地の課題に対する解決策を一緒に考え、協力して取り組むことで、国際的な視野と協働の精神が育まれます。このような活動を通じて、日本にいながらも世界中に仲間をつくりながら、多様性を尊重し、国際感覚を養うことができるのです。

オンラインで仲良くなった友だちにはリアルでも会いたくなるでしょう。そうなれば「湘南に遊びにおいでよ！」と誘うかもしれないし、「ベルリンに遊びにおいでよ！」と誘われるかもしれません。いずれにせよ、オンラインでお互いのことを知っているから、安心して、その国で過ごすことができます。もしかしたら将来一緒に起業するかもしれません。有事の際には助け合い、支え合う仲間にもなれます。友だちの住んでいる国や地域で戦争や紛争が起これば「日本においでよ」と助け舟を出せるし、日本で大災害が起これば「わたしの国へ避難しておいでよ」と言ってくれるでしょう。湘南の海からハワイの海へ。鎌倉の山からスイスの山へ。砂浜から砂漠へ。トレイルからジャングルへ。仲間が世界中にいれば、どこにだって安心して行くことができます。

国境を感じることなく子ども時代から世界中に仲間をつくるこの子たちの世代では、**学校教育で教わる愛国心よりも、世界中の仲間との友情のほうが大切になり、国家間のいがみあいを薄めていってくれるのではないか**と想像しています。

それが、ホクレアのビジョン「世界中に仲間をつくる」の先にある未来です。

Will：自分で決める

大切にしていることの2つ目は、「自分で決める」というウィルです。

「良い大学を出て、大企業に就職して……」という人生の安泰なモデルルートは過去のものとなりました。未来がどうなっているかは誰にもわからず、今の子どもたちは誰も経験したことのない世界を生きていくからです。「こういう道を進めば人生は確実に安泰だ」といえる道はありませんし、そもそも安泰な未来などあるのかもわかりません。どういう人生を歩んでどうなれば「幸せ」かも一人ひとり全く異なります。

そんな時代ですから、世の中全体の傾向として「言われたことをきちんとできて、協調性があって周りに合わせられる子」よりも、「自分で考えて、自分の意見をはっきり言えて、一人ひとり異なる周りの意見を尊重できる子」を育てよう、といった考え方にシフトしてきています。それは、教育に詳しくない人でも、皆なんとなく実感していることではないかと思います。

「自分の子には、自分の人生を生きてほしい」というのは、親であれば誰しも願うことだと思いますが、自分の人生を生きる一番の方法は「自分で決めて、自ら行動すること」です。

しかしそのぶん、責任は全て自分のところにやってきます。僕自身、29歳で起業して会社経営をするようになってから思い知らされましたが、経営はとにかく「決断」の連続です。全員に好かれるなんてできなくて、反対してくる人がいたとしても、「いや、こうします。決めました」と言い切らなくてはなりません。経営者が決断しなければ事業は進みませんから、たとえ誰かに恨まれようとも決め切る精神力が必要です。だから、つくづく経営者って「ひとり」だな、と思います。

僕の友人に、起業家を支援する事業のひとつとして「レンタルオフィス」という業界をつくった浜口隆則さんという起業家がいます。彼の著書『戦わない経営』（かんき出版）のなかに

「雪が降っても自分の責任」という言葉があります。長野でレンタルオフィスを始めた最初の頃、その土地柄、冬は雪の降る日が多く、「また雪が降っちゃったよ、これでお客さんが減るな……雪のせいだ」と、雪を言い訳にしていたそうです。でも、あるとき「雪を言い訳にしていても、何も変わらない」と思い、「人生で起こる全てのことは、100%自分の責任」としっかり受け入れたことで、自身のビジネスも人生も変わり、運が巡ってくるようになったといいます。

僕は、この「雪が降っても自分の責任」という言葉がすごく好きです。自分の周りで起きている出来事は、どれも自分が決めたことから起きているのだから、全て自分の責任なのです。自分の責任だから、ときにうまくいかなくても「次！」と気持ちを切り替えて、物事をどんどん進めていけるのです。

とはいえ、子どもたちにいきなり大きな決断をするようにと言っているわけではありません。何でもそうですが、大きなことを成し遂げる力をつけるには、小さな積み重ねが大事です。

本来、子どもは何でも自分で決めたがります。遊びも勉強も、生活におけるさまざまなことも、何をやるか自分で決めたいのです。自分で決める力があることを、大人に認めてもらいたいのです。

しかし、これは僕自身の子育てにおける反省も含んでいますが、私たち大人はつい子どものやることをあれこれ決めがちです。家庭では親が「これをやったらいいんじゃない?」、学校では先生が「今の時間はこれをやる時間です」というように。大人からしたら、「この子のため」と思って言っていることでも、子どもにとっては「やりたくないことをやらされているだけ」となっている可能性があるのです。

「自分には今やりたいことがあるのに、やらせてもらえない」が繰り返されていくと、子どもは「どうせ言っても聞いてくれない」と、諦めの気持ちを抱くようになり、自分の意思を押し殺した受動的な生き方をするようになっていきます。そして気がつくと、「パパやママがやれと言ったから」「先生がこう言ったから」という具合に、一つひとつの決断や行動の軸に「自分」が存在しなくなってしまいます。その結果、自分の周りで起きていることを「じぶんごと」として捉えることも、判断することもできなくなり、誰かの指示を待って行動し、うまくいかなければ誰かを責めるような他責の人生を送ることに。

これは極端な例かもしれませんが、「子どもの意見を尊重せずに大人が決める」ということは、その子の主体性を大なり小なり奪っているのだということを、私たち大人は知っておくべきでしょう。

では、私たち親は何ができるのか。日常の些細なところから、「自分で決める」を実践していくのがよいと思います。たとえば「朝6時に起きる」と決めること。「I want to wake up at 6：起きたいな～」ではなく、「I have to wake up at 6：起きなければならない」でもなく、「I will wake up at 6：起きる!」と決めることが大切です。この〝will〟には、**「未来を自分**

の意思で選び、その結果に責任を持つ」という意志が込められています。
「決めたらやり切る」を繰り返していくことで、自信が生まれて、自分で責任を取れる範囲やリスクの幅が広がっていくのです。この経験は、大人になったときに出会う、より複雑で難解な問題に立ち向かうための自己効力感を育てる礎にもなります。

単に知識を教えるだけでなく、自分自身で考え、選び、行動する力と、その結果に対する責任を負う姿勢を育てる。これは、子どもの人生をより豊かにするものであり、親や教育者が子どもたちに与えることのできる、最も価値あるプレゼントの一つなのです。だから、何をやるのか決めるのも、そしてやらないと決めるのも、大人ではなく子どもたち自身であってほしいと考えています。

ホクレアを創ろうと考えるずっと前から、僕は息子には「起業家になってほしい。願わくは地球環境を良くするようなビジネスを立ち上げてほしい」と思っていました。「良い大学を出て、大企業に就職して……」というモデルルートが崩壊して、AIやロボットの台頭が目覚ましいこれからの時代においては、どうしたって「企業家：Businessperson」ではなく「起業家：Entrepreneur」のスキルが必要になってくると思うのです。

前者の「企業家」の仕事である、既存のビジネスの経営・管理・運営はシステム化がしやすく、AI、AR、ブロックチェーン、ロボットに置き換えが可能です。現に、最近ではホワイトカラーの仕事も（事務的な作業だけでなく、以前までは人間の頭脳が必要と言われていた仕事でさえ）どんどんＡＩやロボットに代替されつつあります。

一方で、後者の**「起業家」の仕事は、目的が「社会に必要とされる新しい事業を創り出すこと」であり、ＡＩが活用する過去データにその答えは存在せず、システム化できない活動**です。人間にしか感じ取れない社会課題を、人間だけが持っている理性や直感、そして経験を用いて解決していく力をホクレアでは「起業スキル」と呼んでいます。子どもたちにはホクレアでたくさんの経験をして、世界のどこでも自分にしかできない新しいことを創り出せる力を育んでほしいと思っています。

ちなみに、肝心の息子のイッサは現在「料理」に夢中で、夢は「みんなを笑顔にするロックシェフ」だそうです。すでに買い出し、メニュー開発、仕込み、味付けなど全て自分でやって、まさかの組み合わせで新しい食感と味わいの料理を振る舞ってくれます。やりたいことを自分で決めて、それを追求していく姿勢は素晴らしいですし、親として応援したいと思う限りです。ただロックをどう表現していくのかは、本人もイメージはできていないようですが……。

Principle：リミッターを外す

そして、大切にしていることの３つ目は、「リミッターを外す」というプリンシプルです。

僕は世界の極地で行われるマラソン大会に参加してきました。本格的に走り始めるようになったのは、36歳のときに起業家仲間に誘ってもらったのがきっかけです。5㎞も走れないくせに最初にエントリーしたのはホノルルでのフルマラソンでした。ひとりだと心細かったので妻を誘って一緒に走ることにしました。30㎞あたりでリタイアしようとした僕を妻が鼓舞してくれてなんとかゴール。この完走がきっかけで、それまで毎晩深夜まで飲み歩いていた生活から、飲みはほどほどにして朝ランが日課となり、気がつけば100㎞のウルトラマラソンを完走するほどになっていたのです。

そんなある日、2011年の夏、仲間と集まって楽しくお酒を飲んでいたときです。「サハラ砂漠マラソン」が話題にあがりました。サハラ砂漠マラソンとは、サハラ砂漠を250㎞、7日間かけて走るレースで「世界で最も過酷なマラソン」とも言われています。ちなみに大会が開催される時期のサハラ砂漠の平均気温は35~40℃。日中の最高気温は50℃を超えます。「250㎞なんて走ったこともないし、気温50℃のなか走ったらすぐ倒れちゃうよね?」と、どう考えたって無謀としか思えない話でした。しかし、お酒の席でテンションが上がって、酔った勢いでエントリーを約束してしまったのです。振り返ってみると、これが初めて自分の「リミッター」を外した瞬間でした。

人は誰しも、これまでの人生の積み重ねのなかで、「これならできる/できない」「これは楽しい/楽しくない」「やりたい/やりたくない」と事前に察知するようになり、経験が増えれば増えるほど、やる前から無意識のうちに結果を予想するバイアスがかかるようになります。

そしてそのバイアスは、ほとんど無意識のうちに、私たちの行動にリミッター（制限）をかけるようになるのです。

これまでの経験や持っている知識を並べたら「サハラ砂漠マラソンなんて無理だろう」が本音でした。危ないからやめたほうがいい。そう思うのは自然なことです。

でも本当にそうだろうか？　そう思っているのは自分のバイアスのせいではないだろうか？　そうして**一度自分の持っているバイアスを取り除き、リミッターを外してみると「案外簡単にできてしまった」ということが実はよくあるものです**。そしてリミッターを外して得られるリターンは人生において意味のあるものばかりです。

サハラ砂漠を走った仲間と共に（右端が著者）

サハラ砂漠マラソン本番は、それはそれは過酷なレースでした。熱中症で嘔吐しながら走る人や、倒れてそのままリタイアになってしまう人も多いなか、僕は足の指の全てにマメができて潰れるという痛みに耐えながらも、なんとかゴールまでたどり着きました。

大変なレースではあったものの、自分のリミッターを外して参加してよかったと思っています。「誰もができるわけではない経験」ができたことは、とても大きなリターンでした。本当に必要最低限のものだけを背負って、風で飛んでくる砂を防ぐことのできないタープの下で寝食するという、究極のミニマリストとでもいうような7日間を体験し、「人間これだけそぎ落としても生きられるんだ」ということを身をもって知りました。

また、**一緒にゴールした戦友ができたのも、とても大きなこと**でした。もともと起業家仲間でありラン仲間ではありましたが、かつてない過酷な状況下で同じ苦しさを分かち合い、共に励まし合い助け合ったことで、一生涯の友と呼ぶにふさわしい絆ができたのです。

僕はアスリートではありませんが、思い込みさえ捨てることができれば、つまりバイアスを取り除くことさえできれば、意外と何でもできてしまうものです。そしてそれが自己効力感へとつながっていくということにも気づくことができました。

人間の赤ちゃんというのは、大人と違ってこれまでの経験がありませんから、何が危険なのかを知りません。ですから、目の前に崖があっても平気で前進するでしょうし、目の前に水があればそこに入っていくでしょう。危険な動物がいてもキャッキャ言いながら近寄っていきます。そのため、私たち親は、赤ちゃんを危険から遠ざけようと注意を怠りません。それは、命にかかわるのでとても大切なことです。

しかし、その注意が過剰になっていると感じることがあります。たとえば、本人は寒いと感じていないのに、大人の感覚や経験から「そんな薄着じゃおかしいでしょ。今日は寒いからダウンを着ていきなさい」とか、まだ溺れるどころか海にも入っていないのに「危ないから海に入るのはやめなさい。溺れたらどうするの?」とか。どちらも大人のバイアスです。

子どもが寒いと感じていないのにダウンを着せれば、ダウンを着ることが当たり前になって、その子に備わっていた体温調整機能が低下するかもしれませんし、冬に半袖半ズボンで過ごす子を見て笑うようになるかもしれません。親の自分が泳げないから、もしくは自分が海に入りたくないからという理由で放った何気ないひと言が、「海=溺れる」というバイアスを子どもに与え、さまざまなマリンスポーツに触れる機会や意欲を奪ってしまうかもしれません。

こうした経験は僕にもたくさんあります。しかしこうやって大人が先回りしてしまうことで、知らず知らずのうちに子どもたちの制限を増やしていることを、私たち大人は気づかなければなりません。もともと、リミッターのない赤ちゃんの命を守るために注意してきたことが、いつの間にか、親の持つバイアスを子どもに与え、子どもたちの純粋な「やりたい!」という気持ちや行動に制限を与えているということを。そして、これらを過剰に与え続けていけば、彼らのポテンシャルを潰していくということを認識しておかなければならないと思うのです。

なので**ホクレアでは、子どもたちがリミッターを外すのも大切ですが、それ以上に保護者がリミッターを外すことをお願いしています。**なぜなら、保護者が自分の持つバイアスに気づかずに、自分の価値観に沿って子育てをし続けるなら、自分に似た子は育つかもしれないけれど、親を超える子には育たないからです。

ホクレアのウェブサイトには以下の内容を記載しています。

子どもの「やりたい！」と「学びたい！」は、子どもの才能開花の入り口です。だから本気で「やりたい！」と決めたことはもちろん、「ちょっとやってみたい」であってもどんどん体験させていこうと思っています。

それが「宇宙に行きたい！」といった難しいことだったら？

「ロケットをつくっている会社の偉い人にメッセージを送ってみたらどうかな？」

「どうやって？」

「X（Twitter）を使おう！」

「お金が必要かもしれないよ」

「クラウドファンディングで集めようよ」

「起業してお金を稼いだらどう？」

こんなふうに、実現方法を探って実行していきます。「それはちょっと難しいね」と、子どものオ能にリミッターをつけることはしません。

もちろん私たちホクレアスタッフだけでは難しいことも多々あるでしょう。そんなときは、それぞれの世界で一流のスキルと経験を持ったカッコいい達人たちに助けてもらっちゃいます。リミッターを外して、子どもたちの「やりたい！」をたくさん実現していきます。

補足になりますが、「リミッターを外す」ことが全て正しいとは考えていません。前述したように、命を第一に考えたときのリミッターは必要です。ときには自分の経験からリミッターを強めにかけることがあってもいいと思います。

大切なのは、「これはわたしのバイアスからきているリミッターだ」ということを理解しておくことと、「リミッターの上限と下限はその場面、場面でコントロールしていい」ということです。新しいチャレンジをするとき、普段かけているリミッターの上限をあげるかもしれませんし、なにか危険が迫っているときはリミッターの上限を下げるかもしれません。

先ほどの例で言えば、「今日は寒いからダウンを着て行きなさい」ではなく、「お母さんにとって今日は寒いんだけど、あなたはどう？」や「海に入りたいよね。今日は水着を持ってきてないから、全身入るのは今度にして、今日はお父さんのズボンが濡れない深さまでにするのはどう？」と、子どもが自分で決められるよう促してみるのはどうでしょうか。ダウンを着なかったことで寒かったとしても、海に入って海水をたらふく飲んだとしても、命さえあれば、本人にとってはどれも良い経験になるはずです。

このように、子どもたちが何か新しいトライをするためにも「リミッターを外す」ことが大切であり、それがホクレアのプリンシプル（行動指針）です。

第 3 章

準備期間5ヵ月でホクレア学園を開校

人集め、物件探し、体験入学会、在籍校への挨拶……
入学式を迎えるまでの怒涛の5ヵ月間のこと。

オルタナティブスクール開校に向けた「怒涛の5ヵ月」が始まる

「〝学校〟を創る」と決めて、Facebookで宣言したのが2021年10月26日。ホクレアのミッション「どんな世界でもサバイブできる子を育てる！」と、「大切にしている3つのこと」「育む3つのスキル」という、ホクレアの土台となる部分は考えていたものの、それ以外は何も決まっていません。

こうしたコンセプトをもとに、具体的にどんなカリキュラムにするのか、校舎はどうするのか、〝学校〟のウェブサイトが必要だし、〝学校〟説明会も開催しなければ誰も入学してくれないだろうし……。教育に関しては素人の僕ですから、全てがゼロからのスタートです。**あるのは「来春4月から〝学校〟を始める」という覚悟だけ。**

「最悪、他に子どもが集まらなければ、イッサひとりにホームスクーリング形式でやればいいや」と腹を括ってもいました。でも、子どもたちのための学びの場を創ることは、たくさんの方々にイッサの闘病を支えていただいた恩を、次世代に「恩送り」できることでもあると信じて、限られた時間のなかでできることを全力で進めようと、僕は、約5ヵ月後に開校するであろう〝学校〟創りに、全ての時間と能力と経験と愛と魂を使い切る覚悟で日々を過ごすと決めたのです。

そしてスタッフ採用、校章やウェブサイトの制作、カリキュラムづくり、物件探し、法人設立、説明会の開催などを全て同時に進めていくという、まさに怒涛の5ヵ月間がスタートしました。

世界中に仲間をつくる「〝学校〟の名前」が決まる

〝学校〟を創るうえで重要なことの1つに「〝学校〟の名前をどうするか」があります。〝学校〟のミッションやコンセプトについては僕がひとりで黙々と描いていったのですが、〝学校〟の名前に限ってはひとりで考えていても良いアイデアが浮かばなかったので、新法人の理事候補だった僕、ユリ、コータの3人で集まって考えることにしました。

ここで少し人物紹介をさせていただきます。ユリもコータも、イッサと同い年の子どもを持つ友人で、僕が〝学校〟設立の話をしたときに後押ししてくれたふたりです。

第1章でお話ししましたが、ユリはイッサが通っていたミリオン代表の杉山裕理江さんです。2021年当時、世界幸福度ランキング上位国のフィンランドとニュージーランドでは、デジタルネイティブ世代で子育て中の女性が国をリードし、時代に合った教育改革を進めていました。「我が子の世代の未来だからこそ、より『じぶんごと』として捉え、最善と思える道を選び、妥協することなく実践することができる。だから新しい〝学校〟のトップは、子育て中のデジタルネイティブ世代の女性に任せてみたい」と考えていました。

ユリは30代のデジタルネイティブ世代で、二児の母であり、さらにはオーストラリアに留学してチャイルドケアを学んできた人物。オーストラリアの公立校の多文化共生の日常に感銘を受け、日本の公教育はグローバルな視点が欠けていると感じたようで、帰国後、湘南でイングリッシュスクールやバイリンガル保育園、英語学童を立ち上げてきたのです。僕は、これから創る〝学校〟では英語に力を入れていきたいと考えていたこともあり、ユリは僕の思い描く学園長にぴったりと当てはまる存在でした。そこで彼女にお願いして、ホクレアの学園長を務めてもらうことにしたのです。

実際に、ユリは子どもたちに最善の環境を提供しようと、スタッフや保護者たちと協力し、新たなアイデアや取り組みに挑戦しています。彼女の明るい人柄や、子どもたちに対する深い愛情からくる優しさと毅然とした態度は、ホクレアの日々の活動にも大きな影響を与えてくれています。

コータは、スマホ入力で有名な「フリック入力」を発明し、自ら特許出願から特許権取得までを行った「発明する弁理士」であり、「AKB48」や「ももいろクローバーZ」などに楽曲提供をしながら、自らも鎌倉を中心に音楽活動をしているミュージシャンの小川耕太さん。白血病と闘っているイッサのために「小さなヒーロー」という曲をつくってくれるなど、僕たち家族のことを応援してくれた地元の友人のひとりです。

ホクレアでは、発明の達人として初年度はSTEAMの授業を受け持ってくれて、子どもたちと一緒に校歌づくりもしてくれました。

さて、話を戻しますが、〝学校〟の名前をどうするか。僕とユリとコータは、ファミレスに集まって、あーでもない、こーでもないと話し合いました。

僕には1つだけこだわりがあって、「絶対に4文字の名前にしたい」と思っていました（その字数縛りゆえに候補が出にくかったのかもしれません）。ユニクロ、メルカリ、食べログなど、日本人にとって4文字の名前というのは語感が良く、馴染みがあるように感じていました。人の名前なら、キムタク、ドリカム、マツケン、駅名なら、下北、新横、二子玉など、愛される名前は4文字に略されることが多いからです。ですから、もともと4文字もしくは略して4文字になる言葉にしたかったのです。

これから創る〝学校〟では「日本語だけでなく英語も〝公用語〟にしよう」と考えていたこ

ともあり、ユリは英語名を考えていたものの4文字縛りだとなかなか良い案が出ず、「ハワイ語もありだよね」となったところで、コータが「ホクレア」という言葉を思いついたのです。

ホクレアとは、**ハワイ語で「喜びの星」**という意味です。

ポリネシア人はその昔、カヌーでハワイ諸島へと移住したと言い伝えられています。GPSどころかコンパスも計器もなかった時代です。大海原にいる自分自身をコンパスの中心にし、水平線をコンパスの外枠と見立てます。コンパスの目盛りは太陽・月・星の昇り沈みする場所。自分の指を使ってそれらとの角度を測り、方角を読んでいたそうです。

その伝統航海術で、彼らが特に頼りにしていた、天空にひときわ輝く一等星がありました。その星こそ〈ホクレア：Hōkūle'a〉です。

そして1975年、この伝統航海術を復活させるためにハワイで船がつくられました。その船は〈ホクレア号〉と名付けられ、これまで地球を約7周するほどの距離を航海しています。

自然の脅威や困難を、自然の力を借りて乗り越えてハワイに到達したポリネシア人。そして、地球を旅するホクレア号のクルーたちはまさに「サバイバー」です。「どんな世界でもサバイブできる子を育てる！」を使命にし、国際的なセーリングレースが行われる湘南・江ノ島で開校するオルタナティブスクールにはぴったりだと思い、〝学校〟名を「湘南ホクレア学園」と名付けることにしたのです。

ブランドロゴのような「校章」ができあがる

〝学校〟の名前が決まり、次は校章づくりです。デザインをお願いしたのは、近所に住む長井崇行さん。デザインディレクターとしてグローバルカンパニーのブランディングを手がけてきている彼に依頼できたのは、共通の知人のプロジェクトを手伝っていたというタイミングが重なったからで、本当にラッキーでした。

できあがった校章はかっこよくて、最高で、感動しました。ホクレアへの想いを、とても素敵な校章にして表現してもらえたのです。

校章のシンボルマーク部分は、船・波・盾の3つが組み合わされています。船は、伝統航海術で目的地へ

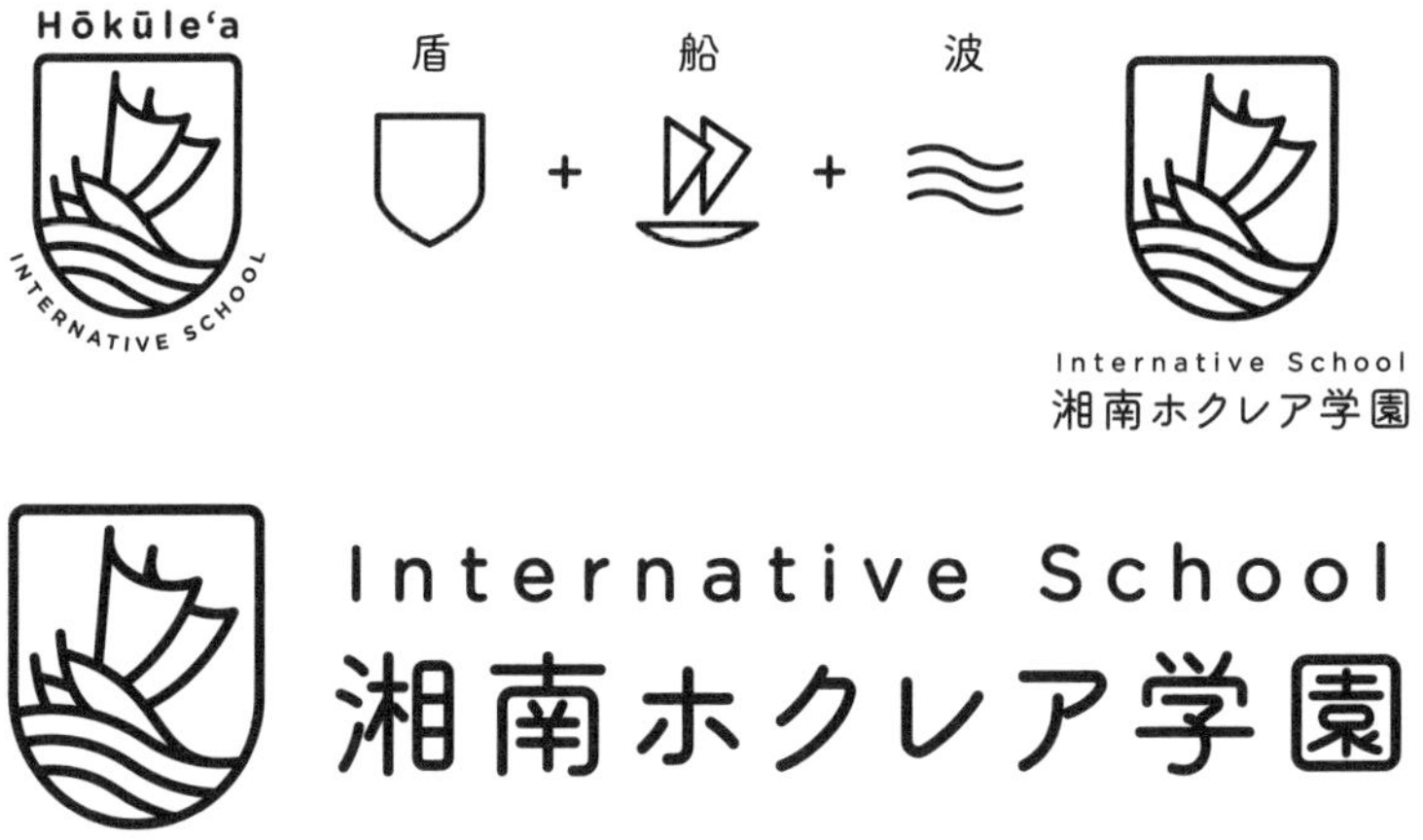

と向かう〈湘南ホクレア号〉を表現しています。3本の波は、この船を支える3つのスキル、〈コミュニケーションスキル〉〈起業スキル〉〈アウトドアスキル〉を表していて、盾は、3つのスキルを身につけた子どもたちが、〈サバイバル力〉という盾を手に入れることを意味しているのです。

この校章は現在、子どもたちがアウトドア体育で着るラッシュガードやTシャツにもプリントするなど、グッズへの展開もできてとても気に入っています。保護者の皆さんもこの校章が大好きで、みんなで一緒にユニフォームをつくるなどしています。

航海のメタファーで綴るユニークな「呼称」たち

〝学校〟名が、古代ポリネシア人が航海のときに頼りにしていた星〈ホクレア〉を由来としているので、ホクレアの生活に関係するさまざまな呼称を、船や航海に喩えることにしました。

まず、**4月の入学式にあたるイベントは「乗船式」と呼び、終業式は「寄港式」、3月の修了式は「帰港式」**と呼びます。また**教室は船上の生活スペースという意味を込めて〈デッキ**

ホクレアでの呼称と関係性のイメージ

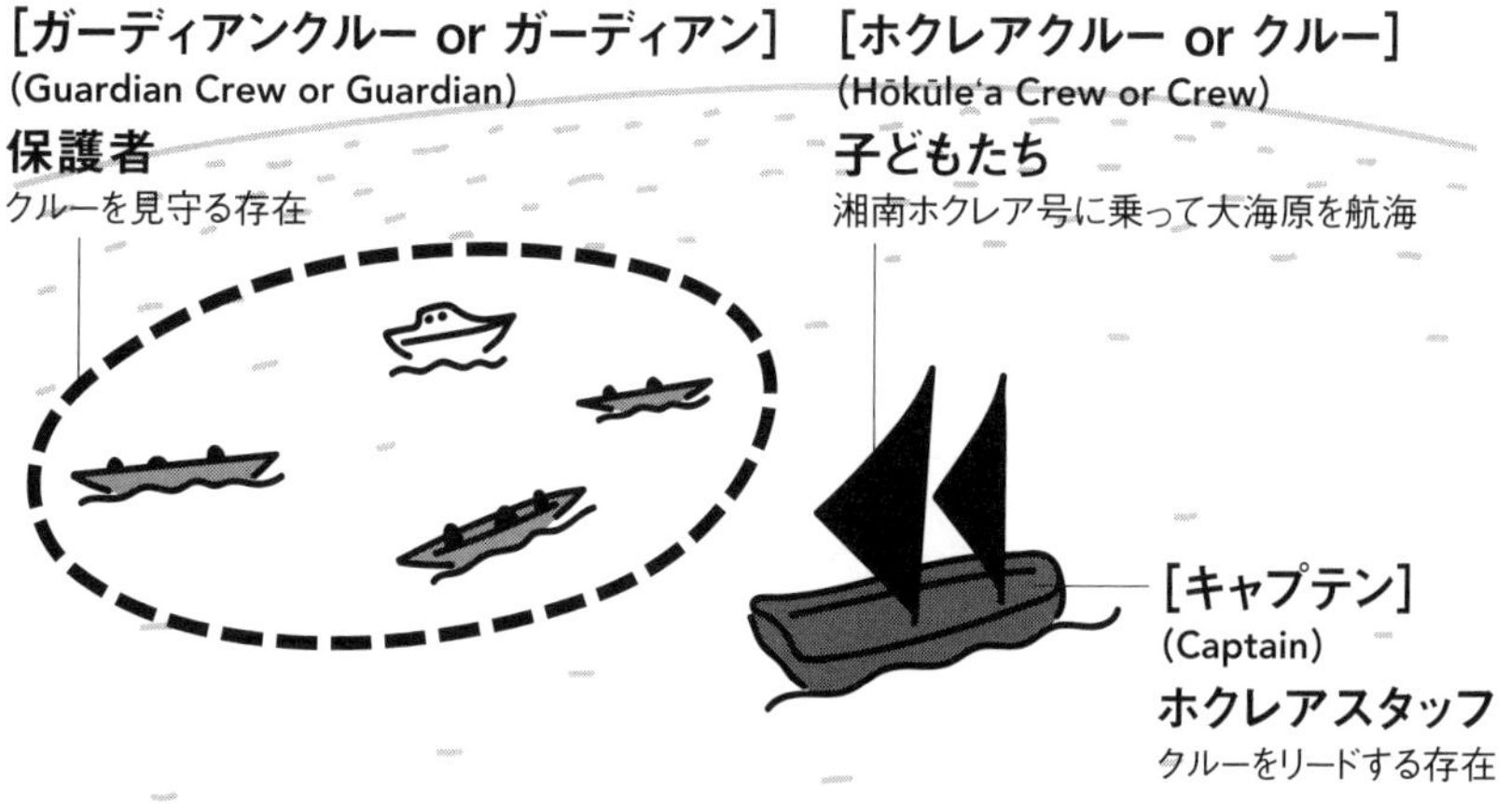

（甲板）：Deck〉と呼びます。

そして、人の呼び方もホクレア流にしてみました。**子どもたちは「ホクレアクルー：Hōkūle'a Crew」または「クルー：Crew」**。そのクルーたちをリードする**ホクレアスタッフのことを「キャプテン：Captain」**と呼び、**ホクレアクルーの保護者は「クルーを見守る存在」という意味を込めて「ガーディアンクルー：Guardian Crew」**または**「ガーディアン：Guardian」**と呼びます。

ホクレアが始まってみると、子どもたちはこの呼び名を気に入ってくれたようです。あるときクルーのひとりが、体験入学に来た子に「ホクレアでは児童とか子どもとかって呼ばないで、クルーって呼ぶんだよ」と説明しているのを聞いたのです。「自分がクルーであることに誇りを持っている」と感じました。

ホクレアクルーは、湘南ホクレア号に乗って大海原へ出航する。荒波の日もあれば、穏やかな波の日もある。さまざまな状況をチームワークで乗り越え、航海を続けていく。

その航海を見守るのが、ガーディアンクルー。ホクレアクルーの操る伝統航海カヌーの斜め後方あたりに位置してカヌーでついていく。そしてクルーの頑張りを、ときには近づき、ときに離れながら見守っていく……。

支えるときは支え、一緒に航海を楽しむときは楽しむ。それが、クルーとガーディアンの心地よい関係だと考えています。

「一般社団法人インタナティブスクール協会」を設立

法人設立の手続きも始めなければなりません。これまで、会社員から個人事業主へ、それを法人化へ、さらには友人たちと会社立ち上げといった経験もあり、こうした手続き云々に関しては、比較的慣れているほうではあります。ただし今回は、株式会社、一般社団法人、公益社団法人、NPO法人など選択肢がいくつかありました。そのなかで、一般社団法人として立ち上げることにしました。

株式会社にしなかった理由は、スクール事業を「非営利」として運営したかったからです。会社法人にすると、スクールは教育というサービスを売って、保護者がそれを買うという取引が行われ、提供者と受益者の線引きができてしまいます。また、営利事業であれば、「利益のために教育を効率化する」ことすら正論になってしまいます。ホクレアは、関わる人全てが受益者になることを目指していたので、一般社団法人かNPO法人を検討することにしたのです。

ただ、NPO法人は社員が10人以上必要になるので、関係者が多くなり、そうなると自分ひとりで主体的に動くのが難しくなるのと、認証に数ヵ月かかることもあって、開校まで5ヵ月という期間を考え、必要な社員が2人以上で2週間程度で登記が完了する一般社団法人を選ぶことにしました。

そして設立した法人は「一般社団法人 インタナナティブスクール協会」です。「インタナティブスクール」とは、「インターナショナル ＋ オルタナティブスクール」という僕の考えた造語です。

日本人として母語をしっかりと身につける。さらに英語で話しかけられたら英語で受け答えできる。そのようなバイリンガルを育てることを目標としているので、全てを英語で学ぶインターナショナルスクールとは異なります。また独自の教育コンセプトを取り入れた「オルタナ

オルタナティブスクールの位置付け

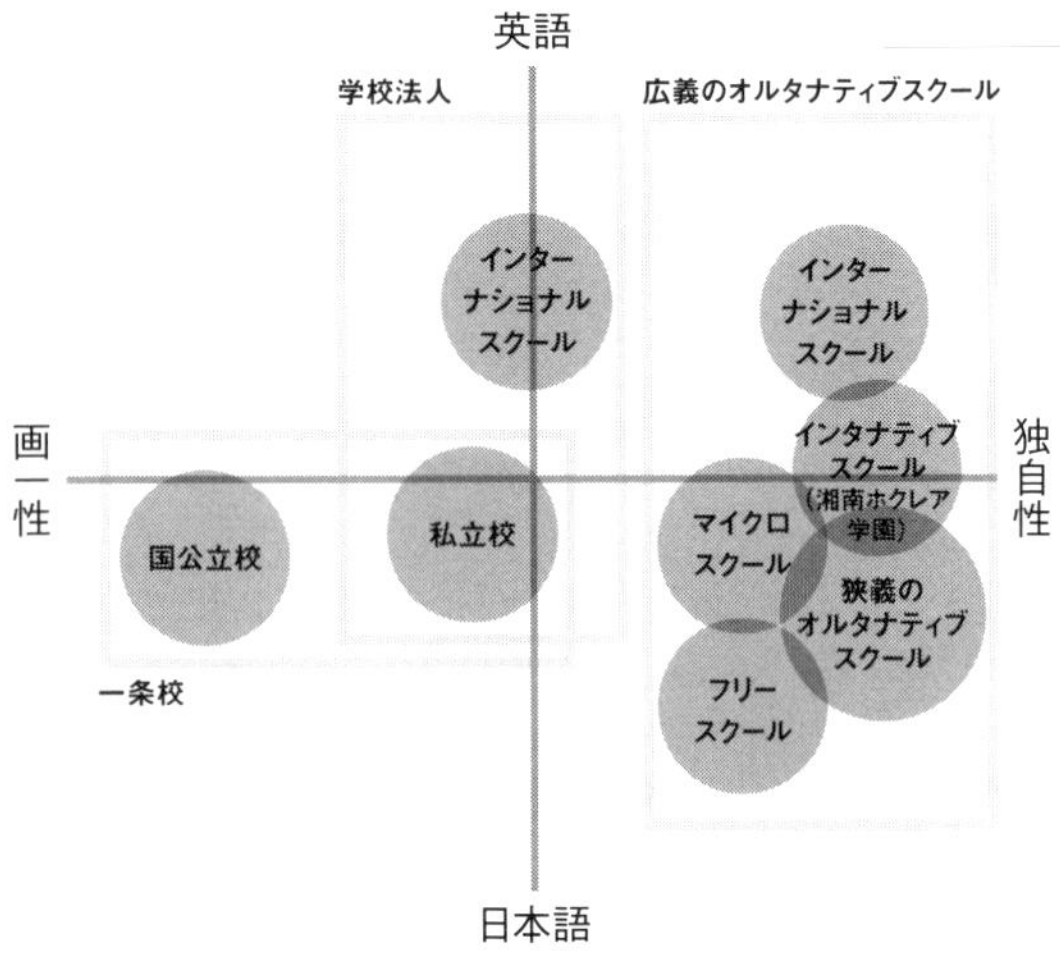

当チャートではオルタナティブスクールの位置付けをわかりやすくするため、縦軸は「校内公用語」、横軸は「教育アプローチ」を使い、さらに「一条校」「学校法人」「広義のオルタナティブスクール」の３つのゾーンに分けています。
「国公立校」と「私立校」は一条校です。「私立校」は学校法人かつ一条校ですが、「認可されたインターナショナルスクール」は学校法人の非一条校になります。

「広義のオルタナティブスクール」は、無認可の“学校”です。認可されていない「インターナショナルスクール」「フリースクール」「マイクロスクール」、そして独自の教育哲学を持ったオルタナティブ教育を行う「狭義のオルタナティブスクール」がここに入ります。
ホクレアの「インタナティブスクール」は、「狭義のオルタナティブスクール」に属し、日本語と英語を校内公用語にしたバイリンガル教育をする位置付けになります。

ティブスクール」という位置づけでありながらも、〝公用語〟に英語も取り入れていることから、「インタナティブスクール」というカテゴリーを定義する意味でも、これを法人名にしたのです。

しかし、一般社団法人で、しかも非営利事業をやる場合に注意すべきことがあります。それは「金融機関からの融資」です。数日かけて会心の事業計画書をつくって、日本政策金融公庫に融資の依頼をしにいったのですが、結果はゼロ回答。つまり1円も融資してもらえないという結果でした。これは後から知ったことなのですが、一般社団法人で、非営利性が徹底される「非営利型」法人では、事業の成長や利益の確保を第一目的としていないので、返済の源泉が確保できない可能性が高いと見られてしまうことが多いそうです。とはいえ、「未来を担う子どもたちのために！」と熱をこめたプレゼンを国から却下されたのはショックでした。オルタナティブスクールの開校を検討している方で融資を検討している方は気をつけてください。

思い描く〝学校〟にフィットする「教育コンセプト」を決める

オルタナティブ教育を学べば学ぶほど、これから創る理想の〝学校〟には、「イエナプラン」が一番合っているように感じ、これを教育コンセプトとして採用することに決めました。

イエナプランは、約１００年前にドイツのイエナ大学教授ペーター・ペーターセン氏によって創始され、オランダで発展してきました。学校は「子どもの個性をつぶして、皆と同じように行動する人間をつくる場であってはならない。自分の得意なこと、それから不得意なことに気づいて、自分らしく成長するための場である」と考え、「ユニークな自分を知ること、仲間を尊重し仲間から学ぶこと、生きた世界の中で学び生きた世界に貢献すること」を大切にしています。

イエナプランには、**「異年齢学級」「サークル対話」「自立学習」「ワールドオリエンテーション」といった特徴**があり、ホクレアでも、それらをホクレア流にアレンジしながらカリキュラムに取り入れることにしました。それぞれどんな内容のものなのか、簡単にご紹介します。

一般的な学校では同学年でクラスが構成されますが、イエナプランの**「異年齢学級」**では、3学年にわたる子どもたちで1グループを構成します。同学年の子どもだけで学んでいると、「出来る・出来ない」「知っている・知らない」の比較が起き、クラスメイトに対してからかいや嫉《ねた》みの感情が生まれやすくなります。けれども異年齢学級であれば、「まだうまく出来ない人がいる・まだよく知らない人がいる」ことや、「誰よりも詳しく知っている人がいる・誰よりもうまく出来る人がいる」ことが当たり前になります。その結果、**お互いに助けたり助けられたりすることを当然と感じて、協働できるようになる**のです。

学校の教室といえば、先生が前に立ち、クラスのみんなは先生のほうに向かって並んで座るのが一般的です。一方**「サークル対話」**では、みんなで輪（サークル）になって座り、一人ひとりが自分に起きた出来事を共有したり、最近読んだお気に入りの本について話し合ったりします。

サークルになって対話をすることは「大人が一方的に話をするという形ではない」ということを示しています。小さい頃からサークル対話を続けていくことで、**高学年になる頃には自分**

の意見を伝え、他の人の意見に耳を傾けながら、ディスカッションしたいトピックについて対話を重ねることができるようになります。

「自立学習」の時間では、子どもたちが何の教科を、どんな教材を使って、どのように学ぶのか、自分で1週間の時間割をつくるところから始まります。基本的には数人のグループに分かれて、各自の計画に沿って自立学習を進めます。

イエナプランでは、子どもに「教える」ということはしないので、グループリーダー（教員）が**子どもたちからの質問に答えたり、自ら気づくことができるように問いを投げかけたりしながら、子どもたちの学びをサポート**します。ただ、どうしてもグループリーダーが教えなくては学びが進まないようなものについては、その都度小さなグループをつくってインストラクションを行うこともあります。

「ワールドオリエンテーション」は学習を学科ごとに分けず、**総合的な学びを重視しながら「答えではなく問うことを学ぶ」学習アプローチ**です。たとえば「石」について学ぶとき。「この石は、花崗岩《かこうがん》といって、黒い点々が見えるのが特徴で……」といったように知識を与えるのではなく、「なんで石って固いの？」「なんでこの石は尖っているのに、この石は丸いの？」といった子どもから問いを引き出そう、というものです。

そして、これらの問いを**「探究学習」**につなげます。各自が、自分たちの問いについて調べて答えを探していき、一定期間をかけて探究した成果を、他の仲間に対して発表します。これらの問いは、**子どもたちの興味関心が起点になっていることが大事**です。

調べていくなかでは、まだ習っていない知識や、理解するのが難しい事柄にも出会うでしょう。そんなとき、異年齢学級が生きてきます。すでにそれを知っている上級生が下級生に教えてあげることができ、新しいことを知った下級生たちは、「面白い！　もっと知りたい！」と、自然と意欲が高まるのです。

ホクレアでは、大人が子どもたちに向かって知識を「教え育む」のではなく、子どもが「自ら決めて、自ら学ぶ」ことを大切にしようと考えていたので、イエナプランのこれらの特徴に惹かれて、イエナプラン教育を取り入れさせてもらうことにしたのです。

バイリンガルを育ててきた「キャプテン」がジョインする

イエナプランを教育コンセプトと決めたからには、グループリーダーの採用を始める必要があります。ホクレアではグループリーダーを、船の呼称にこだわって「キャプテン」と呼ぶことにしました。子どもたちの学びと成長をサポートしていく「キャプテン」は、ホクレアの「育む3つのスキル」の1つであるコミュニケーションスキルを育むために、**自らが日本語と英語のバイリンガルであり、バイリンガルを育ててきた経験があり、子どもたちから愛される包容力のある人が望ましい**と考えていました。そのような人材はなかなかいないので、キャプテン探しは難航すると思っていたのですが、意外にもスムーズに話が展開していきました。

キャプテンを担ってくれることになったのは、ミリオンで英語講師をしていたミワこと鈴木美和さんです。イッサが白血病の入院治療を終えてミリオンに戻った当時の担任で、まだ投薬と通院の続くイッサに対して、愛情いっぱいに接し、彼のポテンシャルを引き出してくれた女性です。まったく英語を話せなかった彼が、桃太郎の英語劇で流暢に英語のセリフを話せるようになったのは彼女のおかげでした。

ミワは、30年近く子どもたちに英語を教えてきて、自身の娘を地元の公立校に通わせながら、留学させることもなく、バイリンガルとして育ててきた実績があります。そして子どもたちを包み込む愛情を持ち合わせる彼女は、まさに理想のキャプテン像そのものだったのです。

彼女は当時、家族の介護で一度ミリオンの現場を離れていたのですが、まもなく復帰するとユリから聞いていました。ミワにホクレアのキャプテンとして参加してもらいたいことをユリに伝え、承諾を得たところで、ミワに直接依頼したのです。

ミワは当初、小学校の教員免許を持っていないことを気にしていました。でも、キャプテンにとって大切なのは、「教育力」や「指導力」があるかどうかではなく、**子どもたちの「学びのスイッチ」を入れてあげられる**こと。それから、**子どもから信頼される大人であること**です。どんなに素晴らしいことを言っていても、子どもを下に見ていたり、「教える」対象として見ている人はキャプテンには向いていません。

つまるところ、大人と子どもの関わりもひとつの「人間関係」です。信用していない人から何か言われても耳に残らないのは、大人も子どもも同じです。ちゃんと、ひとりの人間として、子どもたちをリスペクトして、愛を持って真剣に向き合える人であるかどうかが大切だと考えていたので、まさにミワは適任でした。

そしてホクレアのカリキュラムづくりに関しては、イエナプラン教育の先輩である「ヒミツキチ森学園」のグループリーダーの青山雄太さんに手伝ってもらいながら、ミワ主導でホクレアのオリジナルカリキュラムづくりがスタートしました。

実際にどんなカリキュラムでやっているのか、一つひとつの学び方や、1日をどんなスケジュールで過ごしているのかといった詳細については、次の第4章で紹介させていただきます。

海・川・山・まちにアクセスできる温もりある「学び舎」が決まる

ホクレアの学び舎をどうするか、というのも重要な問題です。〝学校〟を創ると決めてからすぐに物件探しをスタートしていたのですが、そう簡単に見つかるわけもありません。

初めは商業ビルのワンフロアや駅ビル内のスペースを借りることも考えました。しかし、「どんな世界、どんな社会でもサバイブできる子を育てる〝学校〟を創りたい」と決めてからずっと思い描いていた学び舎は、鉄筋コンクリートや鉄骨の建物ではありませんでした。できれば木造で、縁側と畳の部屋があって、子どもたちが楽しそうにワイワイガヤガヤしているのが外に伝わる寺子屋のような建物が良いと、地元の友人知人にこのイメージを伝えて、「良い情報があったら教えてほしい」と頼んでいたのです。

知り合いの不動産屋にお願いして、湘南エリアである藤沢・茅ヶ崎・鎌倉の物件を見てまわりました。「ここ良いかも」と思う物件があっても、用途地域が第一種低層住居専用地域で居住用ならOKだけど、スクールとしての使用はNGなど、学び舎探しは難航していました。

この頃、並行してウェブサイト制作を進めていたのですが、〝学校〟の住所を載せられないのはまずいな、と困っていました。

いよいよ切羽詰まってきて、自宅での開校を検討し始めた頃のことです。「こばり君、伊勢屋さんっていう酒屋さんの隣に古民家があるの、知ってる？」と連絡をくれたのは、しらす漁の網元で、江ノ島のすぐ近くで加工販売まで手作業で行う「浜野水産」の大女将、マリちゃんこと浜野真理さんでした。その古民家のことは知りませんでしたが、「大家さんの電話番号と住所を教えるから行ってみなよ」と言われ、すぐに内見に行くことにしたのです。


それは、江ノ電の線路沿いにたたずむ、昭和11年生まれの古民家でした。真っ直ぐに伸びた2本の樹幹でつくられた門と竹垣。庭には、まるで家の守り神のようにぐんと背高く生える松の木。そして、かなり年季の入った風合いの建物は2階建てで、どこか懐かしい趣をしていて、理想としていた縁側もついていました。外観の雰囲気はばっちりです。

そして、家の中に入れてもらった時点で、「ここで決まり！」と一目惚れでした。子どもたちが、思い思いに机に向かったり、和室に寝っ転がって読書をしたり、縁側に座りながらタブレットを使ったり、庭でスイカ割りをしたり、海から戻って風呂桶で芋洗い状態で砂を落としたりと、**のびのび学び楽しんでいる姿が容易に目に浮かんだ**からです。建物の前を通る江ノ電の音も心地よく感じました。

ここで学ぶ子どもたちにとって、この建物と景色は彼らの原風景となってずっと心の中に残り続けてくれるだろうと確信しました。そこですぐさま「一応他の理事とも相談をしますが、大家さんさえよろしければぜひお借りしたいです」と、大家さんの小池さんに伝えました。

住宅として借りてくれる人を探していた小池さんにとってみたら、まさか〝学校〟として貸すことになるとは思わなかったでしょう。法人は登記したばかりで、生徒がいないどころか、まだ名刺もウェブサイトもないのだから、大家さんにとって僕の信用はゼロです。でも、マリちゃんが長年かけて地域の方たちとの間で築いてきた信頼のおかげで、僕のことも信用してもらうことができ、無事にホクレアの学び舎を決めることができたのです。

〝予定です!〟だらけの「体験入学説明会」を開催する

ついにホクレアの公式ウェブサイトが完成し、2021年12月27日に公開。「2022年1月27日に体験入学説明会を開催します」と告知しました。すると、すぐに応募があり、友人知人の子どもだけで定員の6人に達し、第1回の募集を早々に終了することになったのです。

また、ありがたいことに、ホクレアのウェブサイト開設直後、「子どもをオルタナティブスクールに通わせたくて、どこか良いところはないかなと思ってグーグルで探していたら、たまたま検索にヒットしたので応募しました」と言ってくださった方もいました。なので、そういった方々のために、2月11日に第2回体験入学説明会を開催しました。

さて、体験会をするということは、ホクレアの学び舎で人を出迎える準備が必要です。僕は年明け早々、雪が降り積もるなか、通電の確認とガス開栓の立ち合いのため、ホクレアに初登校しました。しかし、到着してみるとまだ通電されておらず、また、ガス会社の人が開栓しに来てくれたものの、唯一のガス器具である瞬間湯沸器が壊れており確認できませんでした。

そもそもエアコンやストーブなどの暖房器具もまだなかったので、防寒着を着てきたけれど、底冷えして手足の指がかじかみます。さすが築85年超の古民家。半導体不足が叫ばれているこのご時世、果たして3週間後に控えた体験入学説明会までに、エアコンや瞬間湯沸器は間に合うのだろうか。間に合わなければ、防寒着着用と使い捨てカイロの持参をお願いしなければ。

そんな慌ただしさのなか、ついに迎えた体験入学説明会当日。部屋の照明が使えず、参加する保護者の方に照明器具を持ってきていただくというハプニングもありましたが、参加してくださった子どもたちと保護者の方々と共に良い時間が過ごせました。まだ始まってもいないのに、「この〝学校〟を創ってよかった！」と心から思える1日でした。

一室では、キャプテンのミワが英語での探究学習を実施。「英語を話してる人って、どんな人？」という問いに対して、子どもたちに自分のイメージを描いてもらいました。正解を探すのではなく、自分の意見や考えを持って、それを伝える。そんな子どもたちの姿は頼もしくもありました。

初めは「英語で進めるってどんな感じなんだろう?」「うちの子、英語わからないけど大丈夫かな?」と感じていた保護者の方もいたと思います。でも、実際にEnglish-onlyでも生き生きと学んでいる子どもたちの姿を見てもらい、少し安心していただけたようでした。

一方、隣の部屋では、僕が保護者に学校説明を行っていきました。今のように開校後であれば、ホクレアで子どもたちが学んでいるようすを見学してもらうことができるし、体験入学として実際の学びの輪の中に加わってもらうこともできます。しかし、このときはまだ開校前でしたから、「こういうプログラムをやる予定です」「こんなタイムテーブルで過ごしていく予定です」「その道のプロに教えてもらう機会をつくる予定です」「体育はアウトドア体育といって、自然を最大限に使った運動をしていく予定です」といった感じで、全てに「予定です」をつけて説明していました。

第1回・第2回の体験入学説明会のどちらもそうですが、保護者の方々は、開校前の〝学校〟に勇気を持って足を運んでくださったものの、「予定」だらけの学校説明に不安を全て拭えたわけではなかったと思います。それでも、子どもとホクレアの未来を信じて入学の申込みをしてくださったファーストペンギンさながらの皆さんにはとても感謝しています。

〝もうひとつの学校〟を知ってもらうために「教育委員会と在籍校へ挨拶」に行く

開校まであと2ヵ月となった2022年2月には、入学の決まった子の住む自治体の教育委員会と在籍校にホクレア開校の報告と挨拶をして回りました。どうしてそのような挨拶回りをしたかというと、そこにはオルタナティブスクールと公立校の間の繊細な課題があるからです。

オルタナティブスクールとは、公的に認められた学校に対する「もうひとつの学校」です。この「公的に認められた学校」は、通称「一条校」といわれ、学校教育法第一条に定められた学校の総称です。第一条には「この法律で、学校とは、幼稚園、小学校、中学校、義務教育学校、高等学校、中等教育学校、特別支援学校、大学及び高等専門学校とする」とあり、日本において「正式に教育を受けた」と認められるのは「一条校」を卒業した人たちなのです。

オルタナティブスクールは一条校ではなく、国から「学校教育法で定められた正式な学校」

と認められているわけではないので、児童・生徒に学校教育法上の卒業資格を与えることができません（学校法人でないインターナショナルスクールやフリースクールも同様です）。そのため、義務教育期間の小学生・中学生は皆、一条校（たいていは学区の公立校）に籍を置いたままオルタナティブスクールに通うことになります。この、小学生・中学生が籍を置いている一条校のことを「在籍校」と呼んでいます。

ホクレアのようなオルタナティブスクールと在籍校の関係性はとても重要だと捉えています。オルタナティブスクールに通う子の「出席日数」を認めてもらえるか、もらえないかのジャッジがあるからです。現在の国の方針では、在籍校の校長の判断で、オルタナティブスクールなどへの通学が出席となるか、欠席となるかが決まります。どの教育委員会に問い合わせても「在籍校になんらかの理由で通えなくなった不登校の子どもが、復学を目指してホクレアさんに通うのであれば出席日数として認めますが、在籍校に通えるのにホクレアさんに通う子どもの出席日数は認められません。教育委員会も校長も、子どもが学校（一条校）に戻ることを優先に取り組んでいるのでご理解ください」という回答です。言い方を変えると、「いじめにあったり、勉強についていけなかったり、先生が嫌いだったり、集団生活が苦手だったりと学校にネガティブな思いを抱いた子どもが在籍校の代わりに通うのだったら出席日数として認めます。しかし学校に通おうと思えば通えるのに、自分の学びに合ったオルタナティブスクールを見つけたからといって、そっちに通う場合は出席と認めません」と言っているように僕には

ホクレアと在籍校との関係

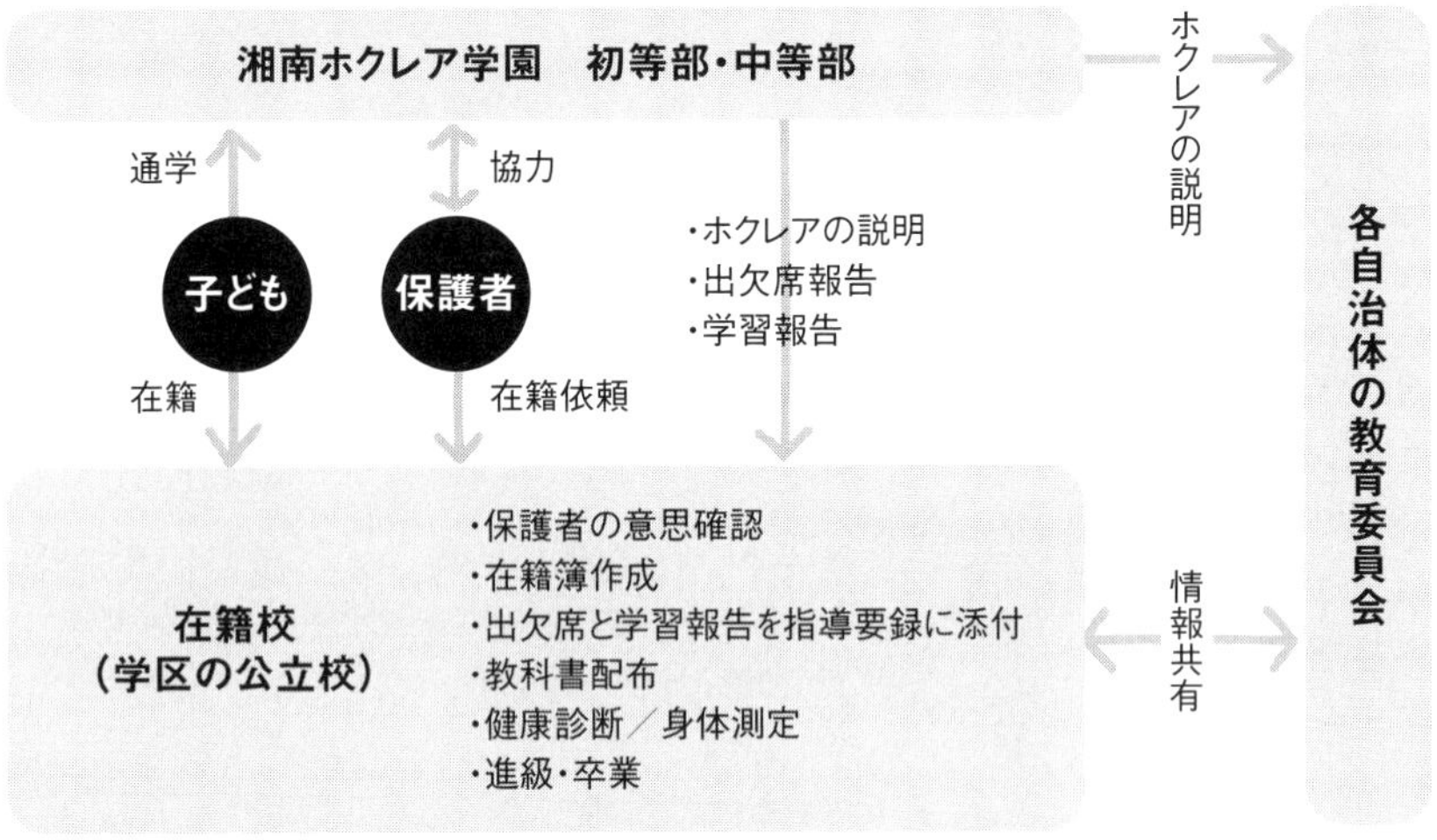

聞こえます。なかには「インターナショナルスクールやオルタナティブスクールなどの文科省に認可されていない教育施設に通う場合は、一律で除籍にしています」と高圧的に言う自治体もあります。でも「在籍校に通えなくなった理由があれば認めるよ」だそうです。これについては、いささか疑問が残ります。

どちらにせよ「不登校児と認定されて出席日数として認められる」か、それとも「〝積極的〟不登校児と認定されて出席日数がゼロとなる」か、その最終判断は校長が行うそうです。

出席日数がゼロとなったり、自治体の判断で除籍になることで、その子にとって将来不利益になることはないのかが気になります。自治体の教育委員会と公立小学校の校長に伺ったところ、あるとしたら中学受験のときだけだそうです。私立中学校のなかには、「一定以上の出席日数を満たす者だけに受験資格を与える」という学校が、ごく一部とはいえ存在するからです。ただ、逆に言えば、それらに該当する私立中学校を受験しない限り、特に困ることはないと考えられています。このことについては、各自治体の教育委員会やホクレアに通う子どもたちの在籍校の校長に確認をしているので間違いないとは思いますが、伺う人が変わるたびに、確認は行うようにしています。なぜ全国で統一されていないのかは疑問です。

ところで、ホクレアのある藤沢市は教育委員会も小学校や中学校の校長も、とても親身になってくださる方が大半で、「さすが我が街、藤沢！」と感じています（出席扱いにしてくれるかどうかは別です）。ホクレアに見学にいらっしゃる校長や担任の先生もいて、**「好きな給食が出る日でも、遠足の日でもいいから、（在籍校に）来たくなったらいつでも登校していいからね」**や**「学期の初めには元気な姿を見せに来てほしいな」**と言葉をかけてくれる校長や担任もいらっしゃいます。**子どもたちの未来を第一に考えると、どこの在籍校とも良好な関係でありたいと思っている**ので、教育委員会と在籍校の校長には理解してもらえるよう、できる限りの働きかけは行っていきたいと思います。

2050年を生き抜く子を育てる「湘南ホクレア学園」が開校する

〝学校〟を創ると決めてから怒涛の5ヵ月間を駆け抜け、2022年4月4日、ついに「乗船式（入学式）」の日を迎えました。第1回、第2回の体験入学説明会に参加してくれた家族の多くが出願してくれて、第1期生として9人の子どもたちがホクレアにやってきてくれました。

学び舎は築85年超の古民家で大人数を呼ぶことが難しかったため、乗船式の開催場所は、湘南モノレール「湘南江の島駅」の1階踊り場から2階の階段エリアとなりました。当日のドレスコードはハワイアン。全員が、アロハシャツやムームーなどハワイをモチーフにした衣装で集まりました。友人の、ロックな花屋〈in bloom〉の菅野勇人さんが、名古屋から駆けつけて飾ってくれたホクレアブルーのフラワーアートに囲まれて、子どもたちにはヨットをモチーフにしたクリスタル盾の記念品が授与されます。そして乗船記念として、ホクレアのロゴとクルーの名前が入ったフラッグを1人1枚ずつ染料で自分色に染めていくというアクティビティを行いました。全てがホクレアらしいセレモニーとなったのです。

〝乗船〟後に、保護者の方たちと話していて、ざっくばらんに「何が入学の決め手になったの？」と聞いたことがあります。答えは家庭によってそれぞれだったのですが、**「2050年の世界を見据えてどんな教育をするか、そのことがちゃんと書かれている学校に通わせたいと思った」**という声がありました。また、**「親自身が『リミッターを外す』良い機会になった」**と話してくれた保護者もいました。

ちなみにオルタナティブスクールは、一条校と違って国や自治体から予算が下りるわけではありません。そのため学費はどうしても高くせざるを得ず、ホクレアも決して例外ではありません。

そんななか、ある保護者が「お金が理由で行かせたい学校を諦めるのはよそう、子どもには『自分の学費のためにパパとママが辛い思いをしている』と感じさせないようにしよう……そのような話を夫婦でしました」と話してくれたことは、とても印象に残っています。こうした各家庭の保護者の方の思いも知って、一緒に子どもたちの成長を見守っていけるような〝学校〟にしたいと、改めて感じたのでした。

初めての乗船式で堂々とスピーチする新１年生クルー

第 4 章

ホクレア学園って、どんなところ？

ベースにした教育コンセプト、1週間の時間割、
学習の進め方、特別授業、年間行事……
日々の学びについて。

ホクレアの概要

ここからは「湘南ホクレア学園」が一体どんなところなのか、具体的にどんな学びや活動を行っているのかについてお話ししていきたいと思います。

湘南ホクレア学園は、ドイツ発祥でオランダにて発展した〈イエナプラン〉を教育コンセプトに、日本の学習指導要領を一部取り入れた〈オルタナティブスクール〉です。ミッションは「どんな世界でもサバイブできる子を育てる！」。日本語と英語を〝公用語〟にしたバイリンガル教育で、「コミュニケーションスキル」「起業スキル」「アウトドアスキル」を身につけていきます。

ホクレアがあるのは、海・川・山・森・まち・文化のバランスが程よい〈湘南・江ノ島エリア〉。学び舎は、江ノ電沿いに建つ築85年超の古民家ですが、ホクレアでは湘南の海・川・山・森・まちの全てをキャンパスに見立てており、本物の自然の中で楽しむアウトドア・アクティビティが豊富です。

一般的な学校では同学年でクラスが構成されますが、ホクレアではイエナプラン最大の特徴である「異年齢学級」を採用しており、各学年6人定員で3学年にわたる18人の子どもたちで1グループ（学級）を構成することを原則にしています。(※)

小学1〜3年生は「低学年グループ」、小学4〜6年生は「高学年グループ」、そして中学1〜3年生は「中等部」。各グループで、小1・小4・中1が「年少者」、小2・小5・中2が「年中者」、小3・小6・中3が「年長者」となります。

「教える」と「教えられる」が当たり前の異年齢学級

たいていの場合、年長者は年少者よりも知識や経験があるため、グループ内で頼りにされます。年長者は、年少者だった頃のことを覚えていて、年少者の状況に共感できるので、その子たちの学習を自然と手伝ってあげることができます。その環境下で育つ年少者は、「知らないことは教えてもらえばいいし、知っていることは教えてあげればいい」という考えが自然と身についていきます。

異年齢学級では、「誰かが何かをできる」ことと「誰かが何かをできない」ことが当たり前に存在します。何かができることで優越感を持ったり、何かができないことで劣等感を抱くのではなく、「できる」も「できない」もその子の個性と捉えて成長していくことができるのです。

社会に出ればどこでも異年齢です。ホクレアでは、初等部在学中に「年少→年中→年長」のサイクルを2回、中等部では同サイクルを1回経験するので、この先さまざまな年齢の人たちと関わる環境の中でも自然と馴染み、自分らしいポジションを得ていけると考えています。

イエナプランでは、子どもたちに知識を教える「先生」はいません。代わりに、問いを投げかけ、気づきを促し、子どもの可能性や能力を引き出すサポートをする「グループリーダー」がいるのですが、ホクレアではそれに当たる人物を「キャプテン」と呼んでいます。ホクレアでは子ども9人に対して、1人のキャプテンが付くことを基本にしていて、現在は2人のキャプテンと1人のサブキャプテンがいます。

ホクレア設立当初、キャプテンはミワひとりでしたが、2023年度からはジョナサンにも加わってもらいました。ウィスコンシン州出身でアメリカ人男性のJonathan Cooperです。レコードのコレクションはウルトラマンや仮面ライダーから松田聖子までと、昭和レトロが大好きで、物腰は柔らかく包容力があり、日本語はフォーマルとカジュアルとの使い分けができる、まるで日本人のようなアメリカ人。

彼はもともと、東京都港区にあるプリスクールの校長として、スクールのカリキュラムづくりと外国人講師たちの指導やマネジメントをしていました。しかし、ホクレアに見学に来てくれたとき、ホクレアの理念が体現されているクルーたちのキラキラした目を見て、ホクレアとこの子たちの未来づくりを一緒にしたいと思ってくれたそうです。実際、見学中も子どもたちの中に入っていって、子どもたちを楽しませながら英語の世界に引き込んでくれました。その姿を見て、ミワと同じようにホクレアクルーをリードするキャプテンとして適任だと感じたのです。その後、ジョナサンは大きな組織が経営するスクールの校長というポジションを後進に引き継ぎ、無名のベンチャーのようなホクレアに参加することを決めてくれて、奥さんと共に東京から湘南へと引っ越してきてくれたのです。

ジョナサンは、ホクレアで毎日のように生まれる課題に対しても、クルーやスタッフに「Yes! Let's try!」と呼びかけて、ホクレアの行動指針である「リミッターを外す」を現場で率先して実践してくれています。

（※）2023年11月時点では、小学1年生から中学2年生が1つのグループとなって学んでいます。ただし、チームラーニングとなるプロジェクト学習は、低学年グループと高学年グループに分かれて活動をしています。

	水	木	金
		アウトドア体育準備	ショー＆テル
		・アウトドア体育 or ・探究体育	ワークタイム
			リフレクションタイム
		アウトドアランチタイム	ランチタイム
	・ライブラリー or ・ワールドミュージック or ・ソーシャルスタディ	・アウトドア体育 or ・探究体育	・アート＆クラフト or ・イベント
			下校
	ダンス	・サブクラブ 子どもたちがやりたいことを実現する短期クラブ	スタッフミーティング
	下校	下校	

1週間のタイムテーブル

			月	火	
9:00	0 15	Circle Time	サークルタイム		
	30 45	Morning English Class	モーニングイングリッシュクラス		
10:00	0	Work Time	プランニングタイム（15分）		
	15 30 45		ワークタイム		
11:00	0 15 30				
	45	Reflection Time	リフレクションタイム		
12:00	0 15 30 45	Lunch Time	ランチタイム		
13:00	0 15 30 45	Project Time	プロジェクトタイム	プロジェクトタイム	
14:00	0 15				
	30	Circle Time	サークルタイム		
	45	Snack Time	スナックタイム		
15:00	0 15 30 45	Hōkūle'a Club Activity	・アントレプレナースキルズクラブ or ・コミュニケーションスキルズクラブ	・アントレプレナースキルズクラブ or ・コミュニケーションスキルズクラブ	
16:00	0 15 30				
	45		下校	下校	

ランチタイム Lunch Time	給食のおじさんがつくってくれる食事は、いつもおいしく、子どもたちにとって楽しみな時間。子どもたちのリクエストにも応えてくれて、通常の給食では出ないような特別なメニューが登場することも。ランチタイムが終わっても、まだ1日の半分。ランチ後、頭と体を休めたり、公園で駆け回ったりするなど、各自がリフレッシュできるフリータイムが設けられています。
プロジェクトタイム Project Time	午前中は個別自立学習でしたが、午後はチームラーニングの時間です。学期ごとにテーマを決めて探究学習を進めていきます。2023年のプロジェクトは1学期は「環境問題」、2学期は「世界の中の日本」、3学期は「健康」。グループごとに分かれて、子どもたちが自ら問いを立てて探究していきます。プロジェクトの締めくくりには、家族や地域の人を招いたイベントで成果の発表を行います。
ホクレアクラブ **アクティビティ** Hōkūle'a Club Activity	アフタースクール（放課後）の時間です。「起業をする」がミッションの「アントレプレナースキルズクラブ」と「世界中に仲間をつくる」ことがミッションの「コミュニケーションスキルズクラブ」の2つのクラブ活動があります。9～15時のスクールタイムに学んだことをより実践していく時間になっています。
イベント Event	4月の乗船式（入学式）に始まり、母の日、父の日、寄港式、サマースクール、林間学校・遠足、運動会、ハロウィン、サンクスギビング、クリスマス、鏡開き、雪合宿、帰港式まで年間で計画されたものと、突発的に開催されるものがあります。どのイベントも子どもたちが企画から実施まで主体となって取り組んでいます。

（※）Show & Tell
自宅からお気に入りの物や本を持ち寄り、グループの仲間の前でそれについて話をするものです。
この活動は、話す能力を育むと共に、自分の考えや経験を他人と共有する経験を積むことを目的としています。

それぞれの時間についての概要

サークルタイム Circle Time	グループのメンバー全員の表情が誰からも見えるよう、円形に座って対話する時間は〈サークルタイム〉と呼ばれています。朝と下校前の１日２回、各 15 分程度行う〈サークルタイム〉は、メンバー各々が自らの意見や感情をグループの仲間に共有し、互いに理解し合うことを目的として行います。
モーニング イングリッシュクラス Morning English Class	モーニングイングリッシュクラスは、全員が英語だけを使って日常会話を練習する時間。キャプテンのリードで行われ、良質の英語のシャワーを浴びながら、「ナチュラルアプローチ」（160 ページ参照）で英語を身につけていきます。 そして金曜日は、英語でのアウトプットの時間「Show & Tell」(※)です。仲間に紹介したいものを自宅から持ってきて各々が英語でプレゼンをします。
プランニングタイム Planning Time	子どもたち自らが「何を学ぶのか?」「いつ学ぶのか?」「何を使って学ぶのか?」「どれくらい学ぶのか?」といった学習計画を立てる時間です。毎週初めに行われます。
ワークタイム Work Time	学習計画どおりに各自で取り掛かります。ワークタイムでは、主に国語・英語・算数を学びます。スタッフからのインストラクションも行われますが、主にワークブックかタブレットのアプリを使った個別自立学習（自由進度学習）の時間です。その子が学びやすい教材を使って学習を進めていきます。子どもたちにとって学びは仕事なので〈ワークタイム〉と呼んでいます。
リフレクションタイム Reflection Time	リフレクションタイムは、学習計画がどのように実行されたかを振り返る時間です。計画どおりに進んだもの、計画より早く進んだもの、計画どおりには進まなかったものを振り返り、その理由を言語化します。これを翌週、翌々週……と繰り返していくことで、自分の得手不得手・好き嫌いなどがわかってきます。自分への理解が深まることで、学習計画は次第に熟練されていきます。

教科と科目が見当たらないホクレアの「時間割」

一般的な学校では、国語、算数、英語、理科、社会といった科目別の時間割が組まれていて、1時間目はみんな国語を学び、2時間目はみんな算数を学ぶ、というように決められていると思います。文科省が定めた学習指導要領に従って時間割をつくっているので、このような形になっています。

一方、ホクレアはオルタナティブスクールなので、独自にコンセプトを掲げて、日本の学習指導要領の内容も組み入れながらも独自のカリキュラムを組んでいます。**ホクレアで育みたいスキルは「コミュニケーションスキル」「起業スキル」「アウトドアスキル」の3つです。これらのスキルを身につけるために必要なことを学んでいこう、という考え方をしています。**

そこでホクレアで使っているのが、120〜121ページのようなタイムテーブルです。「どういうことをする時間か」はフレームとして定まっているのですが、何をするのか具体的な教科や科目は書かれていません。これは、ホクレアでは、自分でその日何をどれくらい学ぶのかを決めるからです。毎週初めにクルーたちは自分だけの時間割をつくり、1週間それに沿って学びを進めていきます。

朝と下校前の「サークルタイム」

では、それぞれの時間について、1つずつ詳しく説明させていただきます。

朝と下校前に必ず行うサークルタイムは全員の表情を見ながら

ホクレアが採用しているイエナプランでは、子どもたちが輪になって対話をする「サークル対話」をとても大切にしています。ホクレアでも、朝と下校前の2回はサークル対話を実践するための「サークルタイム」を導入しています。

ふつうの教室では、先生が前に立ち、子どもたちはみんな先生のほうを向いて座ります。これでは、誰かが発言をしているときに、その子より後ろに座っている子たちは、話している子の顔が見えません。その子より前に座っている子たちも、わざわざ後ろを振り返って見たりすることはないでしょう。一方、**サークル対話では、みんなが輪になって座るので、全員の顔を見ることができます。話す人も**

聞く人もお互いの表情を見ながら話すことができるのが良いところです。

では、サークルタイムではどんなことを行っているのか。まずは、全員がひとつの輪になって、朝の挨拶からスタートです。世界中に仲間をつくるビジョンを掲げるホクレアですから、挨拶の言語も英語からブータン語やアイスランド語に至るまでさまざまで、2ヵ月に1回程度の頻度で言語を変えています。挨拶の後は、自宅であった出来事や休日をどう過ごしたのかなどを全員に向かって発表します。そして下校前のサークルタイムでは、今日学んだこと、楽しかったこと、悲しかったこと、気になったことなどを振り返って発表して、そのことについてみんなで対話を行います。

このように、子どもたちは自分の意見をみんなに発表する機会を毎日与えられるので、主体的に人前で話すことに慣れ親しんでいきます。まだまだ発展途上ではありますが、誰かが発表しているときにはその人の言葉に耳を澄ませて、話す姿や表情・声のトーンなどに注意を傾け、話者の視点を理解しようとする「傾聴力」を養っています。

良質の英語を浴びる「モーニングイングリッシュクラス」

全員が英語で話をする時間です。ここでもみんなでサークルになります。ゲーム形式で行われる英語での会話は、キャプテンを中心にテンポ良く進められていきます。英語に慣れていない子は、最初のうちは戸惑うこともありますが、キャプテンのリードによって気がつけば輪の中に自然と交じっています。モーニングイングリッシュクラスでは、楽しみながら良質のインプットが与えられ続けるので、知らず知らずのうちに語彙を取り込んでいくことができます。そのインプットが容量オーバーになったところで、口から英語が溢れ出るようになっていくのです。

そして、毎週金曜日のこの時間は、英語で自分のお気に入りを紹介する「Show & Tell」の時間。英語でプレゼンを練習する場となっていて、子どもたちが楽しみにしている時間の1つです。

「プランニングタイム」と「リフレクションタイム」

ホクレアが大切にしている3つのことのなかに、「自分で決める」があります。勉強も「やらされている」のではなく、自分で学習内容と進度を決めて、自分で実行して、自分で責任を取ります。

毎週初めの朝は、サークルタイム、モーニングイングリッシュクラスの後に「プランニングタイム」に移って、今週の学習計画を立てます。ここでいう学習計画とは、午前中に約2時間設けられている「ワークタイム」中に、何をどのように学ぶかを決めることです。

ワークタイムで学ぶことは、主に国語・英語・算数です。「月曜日は国語の漢字だけ、火曜日は英語のリスニングとリーディングだけ」という子もいれば、「毎日、国語・英語・算数を均等にやる」という子もいて、計画の立て方はさまざまです。

英語学習に関しては、発音やイントネーションなど質の良い英語をインプットしてほしいため、海外の英語学習アプリを活用するようにしていますが、それ以外はクルーによって学習スタイルはさまざまです。プリントアウトした紙に鉛筆で漢字を練習したり、タッチペンでタブレット上にチャートを書いたり、ＰＣで文章をタイピングしたりと、何を使ってどのように学ぶかも、子どもたちが自分で決めているのです。そうすることで、自分なりの「学びの型」ができあがっていきます。

今週学ぶことを自分で計画するプランニングタイム

ちなみに、**1週間の学習計画を立てるときには、ホクレアオリジナルの「ＰＤＣＡシート」を使います**。計画を立て、それを実行していって、結果を振り返り、翌週の学びに生かしていくという、「Plan → Do → Check → Action」を行っているのです。これは小学1年生から始まります。

何を、どのように、どれくらいのスピードで学んでいくのかを記入したＰＤＣＡシートは、日々の学びのチェックと、金曜日の「リフレクションタイム」で１週間の振り返りに使います。

進捗の点数欄は自己採点で、なかには「週初めに立てた計画の2倍もできちゃった！　だから２００点！」と書くクルーもいれば、「62点」と微妙な点数を付けるクルーもいます。大事なのは、１００点の子には「なぜ計画どおりにできたのか？」を、１００点に到達できなかった子には「なぜ計画どおりにできなかったのか？」を振り返ってもらうことです。

学習は自由進度なので、自分で決めて実行していくわけですが、毎週１００点ばかりを付ける子は、余裕をもって終わるようなプランニングをしていて、「トライ」をしていないかもしれません。反対に、毎回のように１００点に届かない子は、ワークタイムに集中できていないか、そもそも無理な計画を立てているのかもしれません。そのあたりは、キャプテンが普段のようすを見ながら把握します。**キャプテンはクルーに指摘するのではなく、自分で振り返ることで気づいていけるようサポートします**。そして、**来週は何に気をつけてプランニングすると良さそうかをクルー自身が考えるのです**。

このＰＤＣＡシートは、学習履歴としていつでも思い出せるようファイリングしています。

個別自立学習の「ワークタイム」

ワークタイムは、各自が週初めに立てた学習計画に沿って勉強していく自立学習の時間です。ホクレアのデッキ（部屋）は、「日本語 Island」「English Island」「Math Island」「Instruction Room」に分かれていて、その時間に学ぶことに応じて各々がその場所へと分かれていき、異年齢の「学習グループ」がその日ごとに編成されます。クルーたちはその日にやると決めた教科のテキストのページやアプリを開いて、各自で学習をスタートするのです。

自分のペースで学習を進める個別自立学習も異年齢で

クルーたちは、自分のわからないことがあれば隣の子に聞いたりしています。わかる子がわからない子に教えながら、ときにはキャプテンやサブキャプテンに手伝ってもらいながら、主体的に学びを進めていくのです。

キャプテンとサブキャプテンは、「求められたときや、苦戦しているようすを見たときにアドバイスをすることはあるけれど、こちらから積極的に教えることはしない」というスタンスでそのようすを見守るようにしています。

ワークタイムは、リフレクションタイムを含めて10時~12時までの120分間。途中で休憩のチャイムなどを鳴らしたりはせず、120分間通しでワークを続けています。

一般的な小学校の時間割に換算すると約3コマ分なので「長いのでは?」と感じる人もいるかもしれません。しかし、もちろん休憩なしというわけではありません。各自のタイミングで休憩を取ってもらっています。

いつどこで集中力が高まるのか、もしくは集中力が切れるのかは人それぞれ。チャイムがあることで、せっかく集中していたのに中断しなくちゃならないのはもったいないですし、反対に集中力が切れているのにチャイムが鳴るまで休憩できないのは効率が悪いです。

もちろん、全く集中できないときもありますが、集中できないのには理由があるものです。振り返りのときに、なぜ集中できなかったのかを考えて説明することで、自分を知る機会になるので、これも学びだと考えています。

このように、ワークタイムは自立した自由進度の学習時間です。しかし、難易度が高くて自習だけでは進めるのが困難なものや、明らかに説明が必要だというものについては、進度が近い子たちを集めて、キャプテンがインストラクションを行っています。

おまちかねの「ランチタイム」

ワークタイムが終わると、いよいよ「ランチタイム」です。もともと湘南の地で和食居酒屋を営んでいた永井龍二さん（愛称：ジジ）が、ホクレアのランチをつくってくれています。「今日のランチはなんだろう？」と、気になって仕方ないクルーは、ワークタイムの合間に台所を覗きにきます。ちなみに、辛くないのにスパイシーなカレーライスは、子どもたちの人気メニューのひとつです。

ランチタイムでは、1階の和室でローテーブルを並べて食べたり、2階のスタンディングデスクを低くして椅子に座って食べたり、ぽかぽか陽気の日は縁側に腰掛けて食べたりと、各々がその日の気分で、好きな場所で食事をいただきます。江ノ電を見下ろせる2階窓際のカウンターテーブルは、仲良し同士が語り合うときに人気です。

おまちかねのランチはその日の気分でグループをつくって

チームラーニングの「プロジェクトタイム」

最初のプロジェクトは「船をつくってみたい!」から始まった

午前中の個別自立学習の時間にたっぷり集中したので、午後はグループの仲間とチームラーニングする「プロジェクトタイム」です。学期ごとにテーマを決めて探究学習を行っていきます。ちなみに、2023年の1学期は「環境問題」、2学期は「世界の中の日本」、3学期は「健康」でした。この時間は、子どもたちの「やりたい!」「知りたい!」が起点になります。

プロジェクトとは具体的にどんなことをしているのか。実際のエピソードがわかりやすいと思うので紹介いたします。

ホクレアが始まって1ヵ月ほどしか経っていない2022年5月のことです。子どもたちが「船をつくって自分たちで乗りたい!」と言ったことがきっかけとなり、「自分たちのホクレア号をつくる」というプロジェクトが始まりました。

キャプテンから子どもたちへのオーダーは、「自分たちで調べて、自分たちで話し合って計画を立て、自分たちで材料を集めて、自分たちで好きなボートを組み立てる」でした。そして、「やってみて、失敗したらそこから学べばいい」と考えてもいました。とはいえ、成功するように、キャプテンがインストラクションを行いながらしっかりサポートしていきます。


子どもたちは、3チームに分かれてスタート。「船のつくり方」というキーワードでYouTube動画を検索するなどして、いろいろな自作の船について調べます。「これが面白そう」「こんなのをつくってみたい」という声が上がるなか、高学年のクルーが「じゃあ浮力を計算しなくちゃね」と言い出します。「フリョクってなに?」となる低学年クルー。別の高学年クルーは「船の材料になるペットボトルや発泡スチロールを集めてこよう」とみんなに声かけをします。それから数週間かけて、浮力を考えながら、つくってみては改良し……を繰り返し、3艇の船が完成しました。

問題は「実際に乗れるかどうか」です。6月16日の進水式。船をカヤックに積んで境川を上り、流れの穏やかな場所で3艇の船を浮かべます。そして、チームの1人がそれぞれの船にまたがると……3艇の船は堂々と川に浮き、進水し、沈むことはありませんでした。そのときの、「ね、だから浮かぶって言ったでしょ!」と自慢げに叫ぶクルーたちの嬉しそうな顔は忘れられません。

船づくりのプロジェクトは、科学、物理、数学、技術、工学、美術といった多様な領域を統合する楽しい経験でした。このプロジェクトを通じて、クルーたちは理科や算数、図画工作などの教科を横断的に、そして自然に学ぶことができたのです。

なお、船の製作に使った大量のペットボトルはホクレアに持ち帰り、竹の代わりにペットボトルを使った「流しそうめん」をしようということになりました。洗ったペットボトルの底をくりぬいていくつもつなぎ合わせ、長いウォータースライダーにします。

1学期最終日の「寄港式（終業式）」前のランチタイム。2階の窓から1階の庭にペットボトルのウォータースライダーを降ろし、食べるチームがお箸を持って1階の庭で待ち構えているところへ、流すチームが2階の窓からそうめんを投入。豪快に流れ落ちるそうめんを全員でおいしくいただきました。

プロジェクトタイムには、他にもさまざまなプロジェクトベースの学びを行っています。たとえば、「野菜を育ててみたい！」から始まった「家庭菜園プロジェクト」。育てる野菜を決め、種やプランターを買ってきて、実際に植えて育て、収穫して食べるまでを体験したこともあります。

また、「雨はどうして降るんだろう？」という話になったときには、ビニール袋に水を入れて太陽にかざし、蒸発して雲になり水滴になるプロセスを体験しました。

あるいは「江の島の砂と南の島の砂ってだいぶ違うね」という気づきから、奄美の砂は珊瑚でできているということを知り、さらには、珊瑚が死んでしまう白化現象とその原因を学んだクルーたちは「ゴミを捨てたり、乱開発をするのは良くないね」という話をしていました。

これからもどんなプロジェクトが企画されていくのか、とても楽しみです。

アフタースクールは「ホクレアクラブアクティビティ」

ホクレアでは、15時に〝学校〟としての時間（スクールタイム）は終わりになりますが、その後にアフタースクールとして「ホクレアクラブアクティビティ」の時間があります。15時に帰宅する子はほとんどおらず、みんなホクレアクラブに参加しています（金曜日の15時以降は、スタッフのミーティングタイムを確保するため、ホクレアクラブはお休みです）。

アフタースクールというと、学童クラブのような位置づけに見られることが多いのですが、「ホクレアクラブ」はそうではありません。ホクレアの「育む3つのスキル」を磨くための本格的なクラブ活動といったところです。クルーたちは「アントレプレナースキルズクラブ」か「コミュニケーションスキルズクラブ」に所属しています。また、週に1日は、子どもたちが現在、興味関心を持っていることに挑戦する短期的なクラブ活動（サブクラブ）も行っています。

ここでは、レギュラークラブ活動の「アントレプレナースキルズクラブ」と「コミュニケーションスキルズクラブ」について紹介します。

●アントレプレナースキルズクラブ

「アントレプレナースキルズクラブ」は2023年4月から始まったクラブで、課されたミッションは「地球の抱えている問題を解決する新しい事業を創ってください」です。とはいっても、小学生がすぐに「わかりました！」とは言えるものではありません。なので、最初のうちは自分たちでやりたいことをやってみながら、起業へつながるような体験をさせてあげたいと考えています。

まずは、自分たちのカンパニー「Hōkūle'a Shonan World Company：HSWC」を立ち上げました。資金ゼロからのスタートですから、最初に考えたのが「資金がなくても仕入れて売ることができる商売」です。

彼らは迷わずビーチへ行きました。そこにはどこからともなく流れてきたグラスやプラスチックに流木、石や貝殻があります。ビーチは宝の山です。これらの中から手ごろなサイズのものを拾い集め、ホクレアに持ち帰りました。そうです、これらを材料にしてアクセサリーをつくり始めたのです。同じ形のものがない一点もので、環境問題にリ

アントレプレナースキルズクラブがつくった商品をフェスで販売

アルに取り組んでいる子どもたちがつくったこのアクセサリーは、「Hokuccessory：ホクセサリー」というブランド名が付けられ、ＨＳＷＣの最初の商品として販売を開始することになりました。

ホクセサリーは、５月に行われる地域のフェスティバルで販売して完売する予定だったのですが、雨でフェスティバルが中止になってしまったので、１つも売ることができませんでした。この売上をもとに次の事業計画を立てていたクルーたちはガッカリです。しかし、資金がゼロのまま嘆いていても何も始まりません。彼らはすぐにミーティングを行って、販売方法を検討し始めます。

「ＨＳＷＣで通販サイトをつくったらどう？」「誰かにつくってもらうとしたらお金がかかるから難しくない？」「それならメルカリで売ったらどう？」「いいね！　メルカリで売ろう！」「でも、売れたお金はどこに入るの？」「そっか、銀行口座が必要なんだ」「じゃあ、銀行口座をつくろう」。

翌日、ゆうちょ銀行に行ってみたものの、「銀行口座って子どもだけだとつくれないんだって」「じゃあどうする？」「アクセサリー屋さんに置いてもらうのは？」……。

そんなやりとりが長く続いた後、ホクレア校舎で売ることになりました。でも、日中に接客するわけにはいきません。そこで無人販売をすることにしました。最初は「お金を入れないで持っていく人がいるといけないから自動販売機をつくろう」という話になり、実際に段ボールで自動販売機づくりにチャレンジしてみたのですが完成に至らず、性善説に立った無人販売を開始したのです。そして、驚くことにホクセサリーのCMソングとCM動画をつくりYouTubeにアップ。その動画が表示されるQRコードの印刷されたチラシもつくり、江ノ島駅前で配って、お客さんを誘導していきます。初回分は売り切れたので、追加制作しながら新商品の開発も進めています。いつ法人化する日がやってくるのか、今から楽しみです。

●コミュニケーションスキルズクラブ

コミュニケーションスキルズクラブに課されたミッションは「世界中に仲間をつくる」。ただそれだけです。

子どもたちは、スクールタイムでインプットしてきた英語・地理・文化・音楽・プレゼンといったコミュニケーション力を駆使して、どのように仲間をつくるかを考えます。スタッフからは「リミッターを外す」「自分で決める」という指示があるだけで、仲間をつくるためのアイデアや指示は一切出しません。

子どもたちが最初に思いついたのは、外国人の多い観光地である江ノ島の地の利を生かし、片瀬江ノ島駅の前で、世界中の言葉で「こんにちは」と書いたボードを掲げて、通りかかる外国人に声をかけ、どこの国から来たのか書いてもらう、というものでした。

最初は恥ずかしくてなかなか声をかけられなかった子どもたちですが、1人、また1人とコミュニケーションをとっていくうちに、気がついたら次から次へと声をかけていくようになっていました。まさにリミッターを外してトライした結果が自信につながっていった瞬間でした。

「勇気を出して声をかけてみる！」というトライはできたものの、「少し会話ができても、その場でバイバイしちゃってたから、次に続かなくてもったいないよね？」という新たな課題が生まれました。そこでみんなが考えたのが「それならばホクレアを紹介するスクールビデオをつくって、声をかけた外国人の方々に見せるのはどうだろう？」。早速、動画編集が得意な保護者をガーディアン先生としてお招きし、動画制作に取りかかりました。自分たちでホクレアを紹介するための台本をつくり、撮影をして、編集をする。試行錯誤しながら、相手に何をどう伝えたいか考えることができるので、コミュニケーションスキルの向上に役立つアクティビティになっています。スクールビデオが完成したら、次はそれを活用し、本格的に海外に友だちの輪を広げていこうと考えているようです。

旅するオリジナルマスコットをバングラデシュに送って友だちづくり

この他にも、オリジナルマスコットをつくって海外の学校に送り出し、現地の子どもたちとコミュニケーションをとるプロジェクトも進行中です。ワクワクするアイデアが湧き上がってきて、クラブ活動の時間はいつも活気に満ち溢れています。

保護者も本気で楽しむ ホクレアの「イベント」

ホクレアはイベントが多いです。

2年目にして定例化されたイベントもあるので、写真と共に紹介させていただきます。

4月：乗船式

新年度最初のイベントは〈乗船式（入学式）〉です。出席者全員がハワイアンスタイルで集まり、新入生は〈ホクレアクルー〉、保護者たちは〈ガーディアンクルー〉となり、一緒に航海する仲

5月：母の日

4月：乗船式

間となります。

5月：母の日

母の日は、「いつもありがとう！」の気持ちを込めて、目の前でフラワーアレンジメントをつくって、プレゼントすることに。一人ひとりがママにぴったりだと思う花を選んで、フラワーアーティストさながらにアレンジしていきました。

6月：父の日

初年度の父の日は「『いつもお仕事おつかれさま！』の気持ちを込めて、パパと何がしたい？」と聞くと、「アイスクリームを一緒に食べたい！」と言うので、パパと一緒にバニラアイスクリームを手づくり。しかし、甘いものが苦手なパパが多く、ほとんど子どもたちが食べていました。そこで2年目は、ビアカップホルダーをつくってパパへプレゼントしました。

7月：寄港式（終業式）

ホクレアは3学期制です。期の終わりに「航海中に港へ立ち寄

6月：父の日

7月：寄港式（終業式）

り、しばらく休みに入る」という意味から〈寄港式〉を行っています。7月の寄港式は湘南らしく「海の家」で行います。ミュージッククラスで練習した歌とアウトドア体育後に練習したダンスと、1学期に学んだことをスキットで発表。発表後はガーディアンと一緒にバーベキューで旅の疲れを癒やしました。

8月：サマースクール

「クルーたちに忘れられない夏の思い出をつくってやろうぜ！」を合言葉に、5週間ある夏休みのうち3週間のサマープログラムを実施しています。2年目のWeek1は〈ミュージカル出演〉。歌と踊りで世界をつなぐ「Heart Global」のステージに立ちました。Week2は探究体育〈アンドロメダ銀河と喜びの星ホクレア〉。長野県の白馬村まで星紀行に行きました。Week3は〈Outdoor Sports〉。セーリング、サーフィン、オーシャンスイム、シュノーケリングなどをして、夏の海を満喫しました。

9月：MTB林間学校・3日連続遠足

9月は2チームに分かれて、「MTB林間学校」と「3日連続

9月：MTB林間学校・3日連続遠足

8月：サマースクール

遠足」を行います。

ＭＴＢ林間学校を選択したクルーは、オリンピックに４大会連続出場した山本幸平さんにマウンテンバイクを指導してもらいに長野へ。インドア派だったり、まだひとりでの宿泊に慣れていないクルーは、「３日連続遠足」に行きます。遠足は藍染体験やかまぼこづくり体験、キッザニアで職業体験を英語でするなど、「体験」を重視しています。

10月：ハロウィン

初年度はホクレア校舎にハロウィン装飾を施して、東京ディズニーリゾートのホーンテッドマンションを思わせるようなハロウィンハウスに変身させました。近隣の子どもたちを招いてピニャータや手づくりゲームを一緒に楽しみました。２年目はまち中をコスチュームパレードして、そのまま運動会。ガーディアンもコスチュームを着て集まります。運動会で使った道具は、クルーの手づくり。美術と裁縫とアウトドア体育の成果が凝縮された運動会を、クルー、ガーディアン、スタッフが参加して、本気で走って楽しんだ運動会になりました。

11月：勤労感謝＆サンクスギビングデー

10月：ハロウィン

11月：勤労感謝&サンクスギビングデー

働きながらホクレアに通わせてくれているガーディアンに「いつもありがとう！」の感謝の意を込めて、クルーがホストを務める食事会を開催。朝は家事代行のパイオニアであるベアーズの高橋ゆきさんと一緒に感謝をハートで感じるサークル対話を行い、ガーディアンのためにランチを準備。ロティサリーチキンをメインディッシュに、付け合わせをクルーが手づくりして、ガーディアンを迎え、感謝の気持ちを伝えました。そしてガーディアンからも感謝の気持ちを伝える、ホクレアらしい、目頭と心が熱くなる１日でした。

12月：クリスマス寄港式

寄港式は、その学期の成果を発表する場。その発表の仕方はさまざまです。高学年はスライドでプレゼン、低学年はスキット。動画をつくったり、劇に仕立てたり、キャプテンと一緒に発表を検討します。初年度のクリスマス寄港式では、20分のミュージカルの中に成果をまとめました。歌あり、踊りあり、楽器演奏あり、スピーチありの長いステージを成功させました。ステージ後は、事前練習しておいたテーブルマナーの成果を出すべく、ナイフとフォークを使い、コース料理をガーディアンと一緒にいただきました。

12月：クリスマス寄港式

1月：鏡開きと餅つき大会

新年最初のイベントは、餅つきです。古民家の庭には、臼と杵がよく似合います。子どもと大人の「よいしょー、よいしょー」の掛け声を近所にとどろかせながら、もっちもちのお餅を仕上げて、きなこ、みたらし、あんこ、お雑煮などを楽しみます。鏡開きもやって、ガーディアンは樽酒と甘酒を飲みながら、ちょっとだけ頬を赤らめていました。日本の文化を味わう機会が減っている現代。大切なイベントのひとつとして続けていきたいと思っています。

2月：雪合宿

冬は雪山に行って、スキーとスノーボードの雪合宿を行います。講師はスキーの指導員資格を持つホクレアのアウトドアキャプテン。スキーに参加したクルーのほとんどが初心者だったので、初日はまるでマンガを見ているかのようなコケ方を連発。でも、2日目にはしっかりとスピードダウンする技術や意図して止まれる技術を身につけていて、3日目に行われたバッジテスト（スキー技能習熟テスト）では5級を飛ばして全員が4級を取得

2月：雪合宿

1月：鏡開きと餅つき大会

するまでになりました。

3月：帰港式

ホクレア開校後、初めて迎える〈帰港式（修了式）〉はホクレア校舎で行われ、1年間の英語の成果を発表しました。そして、プロジェクトタイムに自作したオリジナル楽器を演奏し、自分たちで作詞したホクレアソング（校歌）を歌い、最後にクルーとガーディアンとスタッフがひとつのサークルになってホクレアで過ごしたこの1年を振り返りました。

〝学校〟をつくると決めてから1年半、そして開校してから1年、本当に突っ走ってきたんだな～と、感慨深い1日となりました。

3月：帰港式

子どもたちが作詞した校歌「ホクレアソング」

前節で年間の定例イベントを紹介しましたが、その際に必ず歌われるようになったのが校歌の「ホクレアソング」です。一度聴いたら忘れられないメロディーと子どもたちの書いた率直な歌詞が心に響きます。何度聴いても、初めてのときと同じ感動を与えてくれます。

「なぜこれほど感動させられるのだろう？」と考えたとき、自分たちの書いた歌詞にクルー全員が誇りを持っているからだということに気づかされました。それもそのはず。自分の通う〝学校〟の校歌を、自分たちでつくっているのですから。自分のアイデアが校歌に反映され、それを形にして歌い上げるとき、自己効力感は高まらないわけがありません。

そのようすを見ていて、「初年度に校歌ができあがってしまったら、来年入ってくる子、再来年に入ってくる子、未来に入ってくる子は、過去に先輩がつくった曲を時代が変わっても歌うことになる。それだと、自分のアイデアが反映された歌詞を歌うことで生まれる〝誇り〟を感じることができなくなるのではないだろうか？」という考えが生まれ、ひとつ面白いことを思いつきました。それは「毎年歌詞を追加していくのはどうだろう？」というアイデアです。初年度は1番と2番をつくったから、2年目は3番、3年目は4番……2120年には校歌が100番に！

卒業生が大人になってホクレアに遊びに来たとき、「今年は何番の歌詞をつくったの？」「30番です！」「そっかー。僕は1期生だったから、1番から6番をつくったんだ。そのときの歌詞は今でも覚えているし、歌えるよ」という会話が交わされます。卒業生クルーと在校生クルーがこんなふうに交流する姿を思い描くだけで、心がワクワクしてきます。

そんな空想をしていたら、2年目にして英語の歌詞づくりにトライしていました。今回もクルーたちが主体的に歌詞のアイデアを出していきます。それをキャプテンがメロディーに乗りやすいようにアレンジしていくのですが、日本語の歌詞と英語の歌詞の付け方は、まさに邦楽と洋楽の違いで、母語でない言語での作詞は難易度がかなり上がります。日本語は子音＋母音で構成されるのに対して、英語では複数の子音が組み合わさることが多く、同じ時間でも英語の歌詞はより多くの単語を入れることができます。つまり、同じ小節数でも歌詞のボリュームが日本語と英語では大きく異なるということです。また、日本語の歌詞はリズムに合わせて言葉が短くまとめられる一方、英語の歌詞は韻を踏むことを大切にするので、キャプテンのリードで作業を進めていきました。気がつけば3番が終わり、なんと4番までつくり終えていたのです。このペースだと年に2節ずつつくられて、100年後には200番までできているかもしれません。

作詞というクリエイティブな作業を通して、日本語と英語の言語構造の違いと、韻を踏むことで歌詞は覚えやすくなり、リズミカルな流れが曲に生まれるということを学ぶことができました。2050年にはどんな歌詞ができているか楽しみです。

このように、いつまでも学びも校歌もアップデートし続けられる〝学校〟でありたいと思います。

ホクレアソング

1　えのでんがみえる　ふるいいえ
えいごがまなべる　ボートもつくれる
ホクレア　ホクレア　なんでもできるばしょ
ホクレア　ホクレア　さいこうながっこう

2　せんせいがいない　すごいがっこう
いつかたびにでる　じぶんたちのふねで
ホクレア　ホクレア　せかいのことをしろう
ホクレア　ホクレア　まいにちたのしいぜ

3　From the rivers to the ocean
On this ship we are the crew
It is fun to learn together
Always finding something new
Hōkūle‘a Hōkūle‘a
There's no limit to what we can do
Hōkūle‘a Hōkūle‘a
Our stars shining so brightly for you

4　We love to show our smiling faces
While we try our very best
Our autonomy to guide us
And we always show respect
Hōkūle‘a Hōkūle‘a
Let us show you how great we can be
Hōkūle‘a Hōkūle‘a
We're a school and we're a family

ホクレアクルーが校歌を歌っている動画を作成しました。
よろしければ、ご覧ください。

〈URL〉https://shonan-hokulea.org/dailylife

〝やりたい！〟にリミッターをかけない「達人授業」

「パパ、キャッチボールしたい！」

「お、いいね！　でも、サッカーのほうが面白いぞ」

「○○選手みたいにピッチャーしてみたい！」

「そうだな。でも△△選手みたいなドリブルもカッコいいぞ。なんていったってサッカーはボールひとつあればどこでもできるからな」

「……」

こんな経験はありませんか？　僕にはあります。

野球の試合でピッチャーの活躍を見たからでしょうか、「野球選手ってかっこいい！」と思った子が、野球をしてみたいとお父さんに伝えます。でもこのお父さん、野球の経験があまりなく、子どもに教えられるほどではありません。一方、長年サッカーをやってきた経験があるので、子どもに対して野球ではなくサッカーをやるように誘導しているところです。

子どもはキャッチボールをやってみたかっただけなのに、父親はサッカーにすり替えようとする。子どもも一度は抵抗してみるものの、「……」と諦めてしまいました。

ここで問題なのは、子どもの興味関心ごとを流してしまったということと、「パパにお願いしたけど聞いてくれなかった」という事実です（自分には何度もこういったことがあったので、書いていて心が痛みます）。

達人授業：「お金ってなんだろう？」を達人から学ぶ

何かきっかけがあって、子どもたちに興味関心が芽生えたとき。それは、その子の個性やポテンシャルを引き出すチャンスだとホクレアでは捉えています。しかし周りの大人が、それを実現するために必要なスキルや経験を持っていなかったり、アイデアやアクションをうまく示せなかったら、その興味関心から生まれた「やりたい！」「知りたい！」がしぼんでしまいます。

そうすると「どうせ言っても無理」という諦めが習慣化されて、「リミッター」が生まれることになります。ホクレアでは、そうならないよう心がけて日々の活動を行っていますが、ホクレアスタッフや保護者であるガーディアンクルーの協力だけでは実現できそうにない場合は、その願いを実現できるプロフェッショナルをお呼びすることにしています。そのプロフェッショナルのことをホクレアでは「達人先生」と呼んでいます。

ホクレアにいらっしゃる達人先生は「その世界のトップランナー」として、最前線で活躍されている方たちばかりで、いつも子どもたちにたくさんの気づきや学びを与えてくれます。そんな方がいらっしゃるのですから、ガーディアンクルーも放ってはいません。「せっかくホクレアに来てくれるのだから、私たちもお話を聞きたい！」という気持ちになります。そこで、クルー向けに行ってもらう「達人授業」に加えて、ガーディアン向けに「大人の小学校」を開催して、話していただくこともあります。時間割のどこに組み込むかはそのトピック次第なので、時間割外の時間として、ここに入れさせてもらいました。

有難いことにたくさんの達人にお越しいただいており、全員の授業を本書の中で紹介するのは難しかったので、達人授業の実施背景とその内容を短くまとめた動画を作成しました。よろしければ、ご覧ください。

〈URL〉https://shonan-hokulea.org/teacher

肩書き	著書	スキル
一般社団法人 こども mirai 代表理事／株式会社 ADVANCE 代表取締役／不動産投資で経済的自由を手にする会 代表	◎わが子が将来お金に困らない人になる「お小遣い」のルール ◎1年目から成功する不動産投資村田式ロケット戦略のすべて ◎最短で億を稼ぐ 村田式 9ステップ 中古マンション投資法　ほか	起業
エコサーファー代表／海をきれいにする洗剤〈All things in Nature〉ディレクター／ビーチグラスの地域通貨〈ビーチマネー〉事務局長		アウトドア
アウトドアライフアドバイザー	◎キャンプ×防災のプロが教える 新時代の防災術 ◎アウトドアテクニック図鑑　◎焚き火の作法　ほか	アウトドア
社団法人行動科学マネジメント研究所所長／株式会社ウィル PM インターナショナル代表取締役社長／ベストセラービジネス書作家	◎教える技術 ◎続ける技術 ◎図解 うまくなる技術　ほか	起業
リブトゥデイ 代表取締役社長		起業
教育アナリスト／ソーシャルジャーナリスト／フジテレビ報道局解説員	◎世界標準の英語の学び方　◎小泉進次郎　日本の未来をつくる言葉　◎日本のパラリンピックを創った男 中村裕　ほか	コミュニケーション
医療法人社団スマイルデザイン 理事長／自由が丘矯正歯科クリニック 院長／歯列矯正技術〈JET system〉開発者	◎自分で考え、やり抜く子の育て方 ◎矯正治療が楽しくなる JET system 入門　ほか	コミュニケーション
姿勢治療家／仲野整體東京青山院長／一般社団法人 日本姿勢構造機構　代表理事	◎調子いい！がずっとつづく カラダの使い方　◎毎日の疲れを一瞬でとる魔法のポーズ　◎9割の体調不良は姿勢でよくなる　ほか	コミュニケーション
Yamamoto Athlete Farm 代表／マウンテンバイク 4大会連続オリンピック日本代表		アウトドア
陸上選手／日本インカレ100m走 優勝／日本インカレ 4×100mリレー 優勝／東京 2020　4×100mリレーに選考されるも2021年へ延期。怪我で幻のオリンピックとなる		アウトドア
元ラグビー日本代表コーチ／東京セブンズラグビースクール 校長／スマイルワークス株式会社 代表	◎最高のリーダーは部下の“感情”を動かす ◎チームの心を一つにする技術	コミュニケーション
株式会社 J エデュケーション代表取締役／速読技術〈フォーカスリーディング〉開発者	◎フォーカス・リーディング ◎学力向上・成績 UP! 子どもの速読トレーニング ◎2023 年版 速読の科学　ほか	コミュニケーション
鋼構造技術者		コミュニケーション
プロフェッショナルセーラー／海洋冒険家／世界一周ヨットレース「Vendee Globe」完走（アジア人初）	◎精神筋力 困難を突破し、たくましさを育てる。	アウトドア
英語学習コーチ／AI 活用コーチ／プチ・レトル株式会社　共同経営者	◎AI 仕事革命―ChatGPT で仕事を 10 倍効率化― ◎AI 英語革命―ChatGPT で英語学習を 10 倍効率化― ◎TOEIC L&R テスト 絶対攻略リーディング　ほか	コミュニケーション
株式会社オオスミ　代表取締役		アウトドア
株式会社エシカルノーマル　取締役		コミュニケーション
2019年6月に家族4人で湘南から世界へと飛び立つ／キャンピングカーで北中南米を縦断後、南アフリカからエジプトを目指し、中近東・ヨーロッパを周り日本を目指して世界一周中		アウトドア
株式会社エニグモ　CEO ／ソーシャル・ショッピングサイト〈BUYMA〉運営	◎謎の会社、世界を変える。～エニグモの挑戦 ◎やんちゃであれ！	起業
株式会社 ZENKIGEN　CEO ／人的資本経営推進協会　代表理事		起業
家事代行サービス 株式会社ベアーズ　取締役副社長	◎ズボラさんでも暮らしが整う楽ラク家事　◎暮らしが本当にラクになる！ ベアーズ式家事事典　◎可愛くなる家事	コミュニケーション

これまでの達人授業（2022年4月〜2023年11月）

達人授業のテーマ	達人先生	達人名	
面白いほどモノが売れるお店屋さんごっこ	お金教育の達人	村田幸紀さん	
大好きな海がこれからも綺麗でいるためにできること	エコ洗剤の達人	堀直也さん	
アウトドアから身につける防災スキル	防災の達人 / 焚き火の達人	寒川一さん	
大人のリミッターの外し方	やりたいことを全部やる達人	石田淳さん	
	公私魂動の達人	光島太郎さん	
ニュースの正しい見方	ニュースの達人	鈴木款さん	
歯並びや舌のクセまで診てくれる歯科検診	歯並びの達人	成田信一さん	
ホクレアクルーの姿勢診断と姿勢体操	姿勢の達人	仲野孝明さん	
どこでも楽しく自転車に乗れる技術	マウンテンバイクの達人	山本幸平さん	
かっこよく、速く走る技術	かけっこの達人	湯淺佳那子さん	
One for All, All for One	チームワークの達人	村田祐造さん	
苦労せずに漢字を覚える方法	漢字学習の達人	寺田昌嗣さん	
テーブルを直そう!強化しよう!汚れづらくしよう!	DIY の達人	内村直弘さん	
世界の海のど真ん中で見つけた海洋プラスチック	海洋サバイブの達人	白石康次郎さん	
ChatGPT とお友達になろう!	AI 活用の達人	谷口恵子さん	
プラスチックゲームス @ ホクレア	環境調査の達人	大角武志さん	
ぼくらの地球を「きれいごとできれいにしよう」	エコ掃除の達人	倉垣勝史さん／七田伸也さん	
アイスランドのこと。そして世界一周について	家族で世界一周する達人	雲野ファミリー	
起業家という生き物 〜儲かるからではなく 社会に善いから始める〜	世界中に仲間をつくる達人	須田将啓さん	
	世界中の人を AI でつなぐ達人	野澤比日樹さん	
パパママ、いつもありがとう!	愛ある家事の達人	高橋ゆきさん	

サバイバル力＝「コミュニケーション＋起業＋アウトドア」の3スキル

時間割の紹介が終わったところで、次はその時間割の中でどのような学びが行われているのかを紹介していきたいと思います。

ホクレアは教科ごとの学びの時間はなく、「育む3つのスキル」別に目的を持って学んでいきます。以下の3つのスキル別に、どのような学びが行われているのかをご覧ください。

・スキル 1：世界の誰とでも仲間になれる〈コミュニケーションスキル〉
・スキル 2：世界のどこでも新しいことを創り出せる〈起業スキル〉
・スキル 3：世界のどんな環境でも暮らせる〈アウトドアスキル〉

スキル1：世界の誰とでも仲間になれる〈コミュニケーションスキル〉

ホクレアには教科別の時間割はないとお話ししましたが、国語、算数、英語、理科、社会は学びます。ただ、学び方はホクレア流です。**ホクレアでは、これらの教科は全て「コミュニケーションスキル」を身につけるために必要な要素だと捉えています。**このスキルについて改めて説明すると次のとおりです。

〈コミュニケーションスキル〉
世界の誰とでも仲間になれるコミュニケーションスキルを育みます。言語の習得だけではなく、異なる文化・宗教・価値観を尊重できることが必要です。また、オンラインでの協働も増えていくため、AIやロボットとのコミュニケーションも含みます。

●教科重視ではなく、目的重視の学び

受験の多くが科目別になっているために、各教科の点数を取ることが目的となっている現代教育ですが、**ホクレアでは「世界の誰とでも仲間になれるコミュニケーションスキルを育む」という目的を達成するために、教科重視ではなく、目的重視でカリキュラムを考えています。**そのため、教科書の内容を一から十まで学ぶのではなく、必要な学習内容を選び、ときに教科や科目を超えた学習を行いながら、教科書には載っていないようなことも学んでいきます。

では、ホクレアでは国語、算数、英語、理科、社会をどのように学習していくのか。それぞれ説明していきたいと思います。

●「学びの真髄」国語力は、語彙力・読解力・分析力を身につける

ホクレアの達人先生のひとりで、〈漢字学習の達人〉として授業をしてくれた寺田昌嗣さんは、「算数の応用問題や理科・社会科が苦手という子がいるが、その多くはその科目自体が苦手なのではなく、日本語の語彙力・読解力・分析力が不足しているために苦手と感じていることが多い」と指摘します。つまり、国語力が低いことが他の学力に影響しているということです。

漢字を覚えるのに繰り返して書かない、がホクレア流

日本に住む私たちにとって、日本語を正確に話せたり理解できたりすることが重要なのは言うまでもありません。しかし、その国語力を育めていないことが、他の学習へも影響を与えているというのは、言われてみればそのとおりなのですが、意外な盲点だったように思います。

つまり、**国語力は「あらゆる学びの基礎となる力」**。ここが疎かでは、算数の応用問題につまずき算数が嫌いになってしまったり、理科や社会の解説が理解できずに面白いと思えなくなってしまう可能性があるのです。本来、興味がある教科や好きな教科であっても、国語力の不足ゆえに嫌いになってしまうのはもったいないことです。

そこで、**ホクレアでは、特に初等部の6年間で「国語力」を伸ばすことを重要視しています**。ここでいう「国語力」とは、先ほどの寺田さんの言葉にあった、主に**「語彙力」「読解力」「分析力」**のことを指しています。では、これらの力を伸ばすにはどうすればいいのか。それは、シンプルですがとにかく**「たくさん本を読む」**ということです。

いきなり活字だらけの本を読むのは難しい子もいるでしょうから、特に低学年のうちはマンガでも構いません。とにかく、興味のある本やマンガにたくさん触れさせて、「語彙を増やす」時間をつくるのです。漢字も、本やマンガから学べます。語彙が増えたり、知っている漢字が増えていけば、自分の使える言葉がどんどん豊富になっていくので、微妙なニュアンスなども相手に伝えられるようになっていきます。相手の話を聞いて理解することも、自分の思いや考えを相手に正確に伝えることも、コミュニケーションにおいてとても重要なことですから、語彙を増やすことは大切なのです。

本を読むことで語彙が増え、語彙が増えることでさらに本を読むことができる。こうした好循環に入ると、絵の少ない活字メインの本も徐々に読めるようになっていくでしょう。そのタイミングで、語彙や文字数など、その子のレベルより少しだけ高い本を与えるようにします。そのちょっと背伸びしたものを読むことで、本の内容を把握する力、意図や背景を読み取る「読解力」が身についていくのです。

高学年になると、「文と文節」を学んで、いわゆる「説明文」を読み始める時期に入っていきます。文章内に書かれた情報を整理して、状況や課題を把握し、論理的に考えるような「分析力」が身についていきます。さらに、そこから解決策を導き出すといったことが徐々にできるようになっていくのです。

こうして、語彙が増え、読解力と分析力が育まれていくと、本を読むこと自体が楽しくなっていきます。そうなると子どもたちは、興味を抱いたテーマについて書かれた本を自ら手に取り読むようになります。つまり、誰かに言われたから学ぶという受動的な学びではなく、自分が興味関心のあることについて書かれた本を手に取り、そこに書かれた内容から新たに生まれた興味関心へと探究を続けていく流れができていきます。ここまでくれば、子どもたちは自立して学習を進めていくことができるといえるでしょう。

何に興味関心を抱くかは子どもによって異なりますが、何に興味関心を抱いたとしても、**国語力さえあれば好きなことを探究していくことができる。まさに、国語力とは「学びの真髄」なのです。**

●コミュニケーション重視の「英語力」は、ナチュラルアプローチで育む

ホクレアでは「世界中に仲間をつくる」というビジョンを掲げているので、世界共通のコミュニケーション言語である英語を身につけることに力を入れています。日本語で話しかけられたら日本語で応え、英語で話しかけられたら英語で応えることができるようなバイリンガルが

育つ学びを目指しています。

今では小学校でも英語が必修科目になっているなど、「これからは英語力が必須」という風潮になってきています。ただ、この「必須」というのは、一般的な感覚では「英語ができないからといって、生きていけないわけではないけれど、大学進学や就職のことを考えると英語はできたほうがいい」といったところではないでしょうか。

しかし、「どんな世界でもサバイブできる子を育てる！」をミッションに掲げるホクレアとしては、英語は「大学進学や就職のためにできたほうがいいもの」ではなく、「未知なる世界をサバイブしていくために必要不可欠なスキル」だと捉えています。これは一体どういうことなのか。印象的だったエピソードをひとつ紹介させていただきます。

ゲームしながらいつの間にか英語を話している、がホクレア流

2022年の夏、子どもたちの英語力を底上げするために英語強化週間をつくりました。そのときに助っ人としてやってきてくれた20代のウクライナ人女性がいました。彼女は、同年2月のロシアによるウクライナ侵攻後、戦禍を逃れて、難民として日本へやってきたのです。つい最近まで平和に暮らしていた彼女は、戦火で焼け野原になってし

まった故郷の写真を見せながら、ホクレアクルーたちに話をしてくれました。

彼女は、ロシア国境に近い街から、反対のポーランド国境側へと国内を少しずつ移動しながら故郷に戻れる日を待っていたものの叶わず、国境を越えポーランドへ。そしてドイツ、再びポーランドを経由して、日本に縁があり難民として受け入れられたそうです。

彼女は母語のウクライナ語に加え、ロシア語、ドイツ語、オランダ語、イタリア語、そして英語を話せます。英語でコミュニケーションができるから、彼女は日本に来てすぐに仕事を見つけることができました。でも、もし母語しか話せなかったらどうだったでしょうか？　少なくとも日本に来る選択肢はなかったのではないかと思います。

「もし自分の住む街が占領され、言葉も通じない、縁もゆかりもない国にひとりで逃げることになったらどんな精神状態になるのだろう？」と考えずにはいられませんでした。不安、恐怖、怒り、悲しさ、寂しさのなかで、それでも生きていかなければならないとき、「英語ができる」ことは、生き抜くための選択肢を増やしてくれるのです。

英語ができれば、彼女のように異国の人に助けを求め、異国で生活することができますし、反対に異国で困っている人を助けることもできます。そう考えると、英語はとても重要なサバイバルスキルだと思うのです。

ホクレアでは英語を1つの教科としてではなく、コミュニケーションスキルのひとつ、つまりサバイバル力のひとつとして捉えています。「世界中に仲間をつくる」ことを目標にしているので、机上での学びよりもコミュニケーションを通して英語を学んでいきます。
そのため、特に学びたてのうちは「過去形になっていない！」といった文法の正誤は気にしません。**最初の段階で大切なのは、英語を楽しむことと、相手に伝えようとする気持ちなのです。**

僕自身がいまだにそうなのですが、「正しい英語を話そう」と意識すると、間違えるのが恥ずかしくて、英語を話すことに臆病になってしまいます。これは、日本人に多いのではないでしょうか。ホクレアでは、間違っていてもいいので、子どもたちにはどんどん英語を話してもらいます。間違っているところは、実際に使いながら修正していく。みんな、キャプテンと話しているうちに、自ら間違いに気づいて直しています。私たちが幼児期に日本語を間違えながら使って、徐々に話せるようになったように。

こうした、母語を習得するときに自然と経験するプロセスを第二言語や外国語の学習に適用することを「ナチュラルアプローチ」といいます。つまり、英語環境をつくり、その中でどっぷりコミュニケーションをとることで、「勉強している」という感覚もなく気がついたら英語を習得していた、という学び方です。勉強しているのではないので、テストもありません。
具体的には、164ページのプロセスで英語を身につけていきます。

ちなみに、**初等部6年間をホクレアで過ごしたときの、卒業時点の目標は「海外で自立して**

ナチュラルアプローチ

Listening・Reading・Writingを鍛える

第1段階：耳へ質の良い英語のインプットを与え続けることで、自然に語彙力が育っていきます。同時にフォニックスという文字と音をつなげるルールを学ばせたり、たくさんの英語絵本を使って自力読みのトレーニングを積んでいきます。

第2段階：ある程度文字の発音の仕方を覚えて音読ができるようになっても単語の意味が理解できないステージを迎えるので、個別に読解指導をしていきます。

第3段階：さまざまな英文を自ら読み、内容を把握し楽しめるようになる頃には、自分の意見や物語を英語で表現できるようになります。※文法に関しては、英語導入初期からゲームやパターン練習などで無意識のうちにルールを学べるようにしているため、そこだけを指導することはしません。

Speakingを鍛える

第1段階：自分のことを伝える力を育てます。Show & Tellなど、覚えた英語をどんどん使えるプレゼンの機会を与えることで、人前で英語を発することへの抵抗をなくします。

第2段階：英語への抵抗がなくなると、自然に世界の人と話してみたいという欲求が生まれてきます。ホクレアでは、これが一番の大きな英語力アップの原動力となるよう、子どもたちを励ましています。

生活できる英語力が身についている」状態です。英語圏の国で部屋を借りて、電気・ガス・水道の会社に連絡をして、開通・開栓してもらうことができる。海外の人と英語で意見交換ができる。読みたい本をストレスなく英語で読める。正確ではありませんが、もしわかりやすく喩えるとしたら英検2級で満点を取れる程度です。

つまり、中学生になる頃には、日本の中学や高校で習う英語レベルはクリアしているのです。さらにその上のレベルを目指す場合を除いて、英語の勉強をする必要はない状態になっています。ですから、その分の時間を自分が興味のある別のことに使えますし、それらを日本語でも英語でもストレスなく学ぶことができるようになっているのです。これが、初等部6年間をホクレアで過ごしたときの理想の姿です。

入学当初は、英語を話すことも聞き取ることもできなかったホクレアクルーたちですが、ホクレアで1年間過ごし、現在進行形でどんどん英語ができるようになっています。多くの子が、英文をどんどん読み進められるようになったり、たとえ片言の英語でも、自分の伝えたい思いを表現しようとする姿勢を見せてくれるようになっているので、ここからどのように成長曲線が描かれていくのか楽しみです。

● 四則演算は英語で、文章問題は国語で学ぶ「算数」

全くもって個人的な話ですが、私は子どもの頃、算数と数学が得意でした。しかし、社会に出てから実際に使ったのは小学校の算数レベルまでの知識です。中学時代に習った連立方程式や代数、因数分解を使う機会はいまだにありません。20代のエンジニア時代にプログラミングの仕様書を書いていたときも、コンサルタント時代にさまざまな指標を使いこなしていたときも、経営者時代に試算表を確認していたときも、四則演算以外のものを使った覚えがありません。もちろん、専門的な領域にいる方々は、中学以上の数学を日常で使うことがあるのかもしれませんし、これはあくまで私の経験です。

算数は、お金や時間の計算など、日常生活で必要とされる内容を含みますが、数学がどこまで必要になるかは人それぞれです。もし、日常以外で数学の知識が必要なことがあれば、今はAIが身近にあるので、それに助けてもらってもいいのではないかと思っています。何が言いたいかというと、**社会に出てからあまり使わない知識に時間を費やすよりも、社会に出てからも役立つ学びに時間を再配分したほうが良いのではないか**ということです。

この考えと、先ほどお話ししたとおり、全ての学びのベースとなる「国語力」を重視していることを踏まえ、ホクレアでは算数を1つの教科として捉えることはしていません。足す・引く・掛ける・割るの**「四則演算」は英語学習のなかで学んで、「文章問題」は国語学習のなかで学ぶ**ようにしています。

まず「四則演算」ですが、これは世界共通のスキルです。計算の教え方こそ国によって異なりますが、「1＋1＝2」で「9×9＝81」であることは世界共通。どの国の子どもたちも学ぶ基本的なスキルで、実生活にも欠かせないものです。世界共通スキルなのであれば、世界のコミュニケーション言語である英語で学んでおいて損はないですし、むしろ英語の語彙や表現を増やすことができるので良い方法だと考えています。一方「文章問題」は、実際の生活を題材にした問題が多く、文章を正確に理解し、問題の意図や条件を把握する力が求められるので、国語の中で学んでいます（英語力のある子は、英語の文章問題も並行して進めています）。

算数は、論理的思考を鍛えるのに非常に有効ですが、そこで身についた論理的思考力は数字の世界でしか使えないものではありません。むしろ、論点を整理して書いたり話したり、矛盾点を論理的に説くなど、言語の世界に応用できるものです。教科として完全に分かれているとなかなか意識しづらいですが、算数を英語や国語のなかで学ぶことで、論理的思考力を英語や国語のなかで生かす能力も培うことができるのです。

ホクレアでは、教科重視ではなく、目的重視のカリキュラムを考えているため、このように教科・科目を超えた学習は必然だと考えています。次からは、さらに教科を超えた学びをご紹介します。

●「社会科」と「理科」は、興味を抱くこと・好きになることが目的

社会科と理科は、「世界の誰とでも仲間になれるコミュニケーションスキル」を身につけるうえで、とても大切な教養だと捉えています。

「日本史」では、日本の文化、伝統、価値観、そして社会の発展を学びます。これらを知ることで、海外の人とコミュニケーションをとる際に、母国の文化背景から、日本人としての立場を明確に伝えられるようになる、と考えているからです。また、「世界史」や「地理」からは、他の国や地域の文化、歴史、社会、地理的な背景への理解を深めることができます。これは、さまざまな国籍の人と関わるうえで欠かせない、他者への共感力や、多様性を尊重するといった「人間性」を育むために必要な知識です。

つまり、**社会科を学ぶことは、「自分が日本人としての立場を明確にしながら、国際的な視野を持ち、異なる文化背景の人々と友好的なコミュニケーションをとり、理解し合っていくための教養を培う」ことだといえます**。

そして理科は、宇宙、天気、生物、人体、電気など、小学校でもさまざまなテーマが学ばれています。これらは、地域や文化を超えて共有されている「世界共通のトピック」です。つまり理科では、世界中で使われている共通言語を学んでいるのです。

また、理科の中で地球の生物や環境について学ぶことは、自分たちがどのような世界に住んでいるのかを理解する第一歩となります。そうして、環境保護の意識を高めて、その重要性を人に伝える力を育むことにもつながっていくでしょう。

つまり、**社会科と理科は、子どもたちが自分たちの考えを表現し、他者の考えを理解し、そ**

して共に問題を解決するためのコミュニケーションスキルを磨くための学びであり、教養だといえます。

しかし、国語力が未発達の状態で学んでしまうと、前述したように理解が追いつかないゆえに面白さがわからなかったり、苦手意識を持ってしまう可能性があります。ですからホクレアでは、社会科と理科は、国語力（そして英語力）が身についてから味わうように学んでいくのが望ましいと考えています。

とはいえ、子どもたちには小学生のうちに社会科と理科に興味を持ってもらい、好きになってもらいたい。そこで、**ホクレアで実践することになったのが「社会＋体育」「理科＋体育」の探究体育です**。

体を使いながら自らがトピックの主体となって学んでいく〈探究体育〉というアプローチを、村田祐造さんと研究開発することにしました（村田さんは東京大学卒業後にプロラグビー選手として活躍し、ラグビー日本代表のテクニカルコーチを経て、現在はチームビルディングの企業研修や探究学習のプログラム開発と講師などを行っています）。

たとえば、日本史から「戦国時代」をテーマにした回では、「戦乱の世では何が起きていたのか？」を、子どもたちが興味を抱くようなスライドと動画で学んでいきます。戦国時代に引き込まれていった子どもたちは、自分がかっこいいと思った武将を選んで、その武将になりきって、近くのビーチへと〝出陣〟していきます。そして、座学で学んだ戦国の世を、武将ごと

2023年度の「探究体育」のカリキュラム

4月	〈日本史〉	天下の創造者：信長の野望と挑戦
5月	〈日本史〉	戦国の夢商人：秀吉の夢の城
6月	〈日本史〉	静かなる覇王：家康の治世
7月	〈宇宙〉	物理学の革命家たち
8月	〈宇宙〉	アンドロメダ銀河と喜びの星ホクレア（白馬星紀行）
9月	〈地理・世界史〉	ラグビーの帝国：W 杯と大英帝国の物語
10月	〈地理・世界史〉	栄光へのキックオフ：ラグビーで紡ぐ国際関係
11月	〈地理・世界史〉	南アフリカの栄光：ラグビーが結ぶ絆
12月	〈生命〉	宇宙が紡ぐ生命の奇跡
1月	〈生命〉	ガイアの子どもたち
2月	〈生命〉	臓器たちの静かなるダイアローグ
3月	〈生命〉	太古の処方箋：医学の誕生

にチームを分けてタグラグビーで再現するのです。
すると、「人数が全然少なくても勝てた！　桶狭間での信長の戦略はこんなだったんだね！」とか、「すぐ突破されちゃったよ〜。人数の多い信玄が〝魚鱗《ぎょりん》の陣〟でくるのに、なんで家康は〝鶴翼《かくよく》の陣〟だったの？　負けるに決まってるじゃん」といった会話がクルーたちの間で生まれました。その日の「日本史＋体育」の探究体育が終わる頃には、ほとんどのクルーたちが「日本史って楽しい！」と言っていました。

理科と社会は体育をしながら楽しんで覚える、がホクレア流

初等部では「日本史って楽しい！」「宇宙って楽しい！」といったきっかけをつくることを目的としています。ここからさらに興味が芽生えていけば、自分で本を購入するなどして学んでいきます。この探究体育の翌日に、日本史のマンガを全巻購入した小学2年生がいたり、大河ドラマを見始めた小学1年生がいたりと、効果は上々です。

このように、子どもたちが自分の身体で体験し表現してみることで、主体的な学びとなります。座学ではピンとこなかった抽象的な知識や現象を、体を使って体験することで、具体的にイメージすることができるのです。

ホクレアでは、従来の社会科や理科の学び方を一新し、実体験からの学びを通じて、子どもたちの興味を引き出すアプローチを採用しています。

●「ミュージッククラス」は、友だちの始まり

ホクレアでは、音楽の時間を〈Music Class：ミュージッククラス〉と呼んでいます。**ミュージッククラスの面白いところは、目を閉じて地球儀を回転させて、指でさして止まった国の曲を歌ったり演奏したりすることです**。今までガーナ、インドネシア、ブータン、マリ、トルコ、アイスランド、メキシコ、中国が選ばれてきました。

国が決まったら、次に曲選びです。YouTubeを開いて、選ばれた国の代表的な曲を検索し、一つひとつ聴いていきます。その中で、ポップで、子どもたちでも歌詞とメロディーを耳コピできそうな曲を選びます。

曲が決まると、今度はその歌詞を大きな付箋に書き出していきます。ブータンの曲は文字も発音も難しかったので、みんなでカタカナで歌詞を起こしました。そしていよいよ歌の練習開始です。伴奏はどうするのかというと、キャプテンがコードを耳コピして、ギターで演奏します。

歌に慣れてくると、今度は振り付けを加えて、寄港式（終業式）や母の日や父の日などのイベントでこれらを披露するのです。と、ここまでだと「面白い音楽の学び方をしているね！」なのですが、ここから先がホクレアらしさ全開です。

地球儀を回して、その国がどこに位置するのかクルーたちの頭の中に残っているうちに、国の特徴や文化を調べていきます。国旗を描いて色を塗って、その意味と背景も学びながらカントリーレポートとしてまとめ、クラフトにもチャレンジします。

たとえば、インドネシアが選ばれたときは、「Burung Kakak Tua」という童謡を歌うことになりました。そのときには、バリ島のお祭りや宗教儀式で使われたり、神話や歴史などの劇で使われるお面を各自が手づくりしました。歌詞の意味を学び、曲に振り付けをして、真夏の海の家で行われた〈寄港式（終業式）〉で保護者に披露しました。

ランダムに選んだ国の誰もが知っている曲を練習する、がホクレア流

トルコが選ばれたときは、トルコの全世代で歌われている有名曲をトルコ語で練習して、母の日にママたちと一緒に歌いました。世界三大料理のひとつであるトルコ料理のお菓子をクッキングしたり、タイルアートにもチャレンジしてトルコ文化を体験しました。

それから、１３９ページで紹介した〈コミュニケーションスキルズクラブ〉では、２０２３年に起きたトルコ・シリア大地震のようすをYouTubeなどで見て、居ても立ってもいられない気持ちになった子どもたちが、トルコの学びについてまとめた動画をつくり、トルコ大使館へ手紙を書いて、被災した子どもたちにホクレアから何か支援ができないかと連絡をとりました。

もともとは、「世界中に仲間をつくる」というホクレアのビジョンを実現する一環として、「世界中の人とコミュニケーションできるように、世界中の曲を歌おう！」とスタートしたミュージッククラスでした。しかし、今では音楽だけでなく、国旗を描き文化を学び（地理）、その国の伝統的なクラフト（図画工作）や、料理（家庭科）に挑戦するという体験を重視しながらも横断的な学びが行われています。

これからもミュージッククラスでは音楽を切り口にして、世界の国々の多様な文化を学んでいきます。近い将来、ミュージッククラスで学んだ国の人に会ったとき、一緒にその国の歌を歌って踊って、文化や料理の話ができたら、きっと喜んでくれるでしょうし、一瞬で心の距離が縮まることでしょう。世界中の仲間の一人がそこで生まれるかもしれないと思うとワクワクします。

地球儀回し（※）は、テレビ番組の『ダーツの旅』の企画のように、偶然を生かして、今まで知らなかった国や地域を知る機会をもたらしてくれています。

（※）地球儀だと海や大きな国ばかりを指さしてしまうので、ルーレットに変わりました。

●「何をどのように学ぶのか？」でなく「なぜ学ぶのか？」

以上が、コミュニケーションスキルを育むための学びです。

私たち大人は、学ぶ環境を選ぶとき「何を学ぶのか？」や「どのように学ぶのか？」を重視しがちです。もちろんwhatやhowを考えるのも大切なことですが、そこに本質はありません。大切なのは「なぜ学ぶのか？」です。つまり「学ぶ目的」です。「なぜ学ぶのか？」という問いに対して子どもたちが明確な答えを持っていることです。

ホクレアの子どもたちは「未来をサバイブするため！」「世界中に仲間をつくるため！」、または「宇宙飛行士になるため！」「ご飯が食べられない子においしい料理をつくって笑顔になってもらうため！」「楽しいから！（ハッピーになるため）」と各々が主体的な答えを持っています。そこには「ママ（パパ）に勉強しろと言われたから」「先生に、このままだといい学校に入れないぞって言われたから」という他責的な答えはありません。

一条校では「何を学ぶのか？」は学習指導要領に記載されていて、それを「どのように学ぶか？」は各学校の指導要録でつくられていくので、大人数の教育の現場で「なぜ学ぶのか？」の答えを子どもたち一人ひとりが掲げるのは難しいことなのかもしれません。しかし、**「なぜ学ぶのか？」が定まらなければ、「なぜ学校に行くのか？」の答えを見つけることができません。子ども一人ひとりの持つ「学ぶ目的」をしっかり受け止めようと考えるのならば、時代にあった社会の仕組みが必要なのだと思います。**

スキル2：世界のどこでも新しいことを創り出せる〈起業スキル〉

「ホクレアを卒業する頃には、『わたしね、小学校時代に会社を5つ潰しちゃったんだ。その理由についてはリフレクションできているから、中学では多くの人に喜んでもらえるような起業をしたいと思ってるの』くらいの話ができるようになってほしい」。ホクレアの学校説明会で保護者にこんな話をしています。

大人になってから会社を潰すのは、怖いことです。歳をある程度重ねてからの起業は慎重になるし、大きなチャレンジにも腰がひけてしまいます。でも、子どもの頃に何度も失敗を経験し、それらをしっかり振り返ることができていれば、その経験は実際に起業するときに大きな糧になってくれるはずです。

そこでホクレアが大事にしているのは、リミッターを外して「起業しよう！」です。

〈起業スキル〉
「良い大学を出て大企業に就職する」というモデルルートが崩壊し、かつ、さまざまな仕事がＡＩなどに代替されつつある現在。不確かな未来で、自分の人生を切り拓いていくために必要な、世界のどこにいても新しいことを創り出せる力を育みます。

ホクレアの時間割を見てもらうとわかりますが、アフタースクールとして行っている「アントレプレナースキルズクラブ」の活動以外には、起業スキルを培うための特別な授業があるわけではありません。しかし、時間割のそれぞれの時間のなかで、子どもたちが起業スキルを身につけられるような工夫がちりばめられているのです。

たとえば、学習計画を立てるときに使うPDCAシートです。1週間の計画を立て、実際にワークを遂行し、振り返りを通して、翌週の計画に生かす。これを小学1年生からやるのはなかなか大変なことですが、日々やり続けることで、Plan→Do→Check→Action のサイクルが自然と習慣づくようになるのです。

それから、プロジェクトタイムでも培う起業スキルがたくさんあります。133ページで紹介した船をつくるプロジェクトでは、船のつくり方や必要な材料を調べる「リサーチ力」が重要です。また、チームで行うプロジェクトですから、複数の意見が出れば「ディスカッション」が必要になりますし、上級生になってくれば「リーダーシップ」や「マネジメント力」も求められます。

また、ホクレアのイベントや地域のイベントに参加するときには、子どもたちは本物のお金を使って起業体験をします。そして、「マーケティング」「セールス」「ファイナンス」「アカウンティング」などを実践のなかで学んでいくのです。

ここでは、お金を稼ぐことの意味を学んだ達人授業「面白いほどモノが売れるお店屋さんごっこ」から、ホクレアクルーたちが実際に体験した2つのイベント（ホクレア校舎での「ハロウィンハウス」と、鎌倉市の西鎌倉で開かれた「にしかまフェス」への出店）について、そのときのようすをお話しさせていただきます。

●面白いほどモノが売れるお店屋さんごっこ

それまで無料だった公共交通機関やさまざまな施設の入園料・入館料などは、小学生になった4月から有料になります。このタイミングで、交通系ICカードと財布を持たせ、お小遣い制度をスタートする家庭が多いのではないでしょうか。今までお父さんかお母さんがお金のことをやってくれていたので、お金をどのように手に入れ、どのように手放していくのかを子どもたちは考えたことがほとんどない状態です。ですから、急にお金を渡されてもどうしていいのかわかるわけがないのです。そこで、お金の起源から、現代ではどのようにお金がやりとりされているのかを楽しみながら学び、実際に体験し、起業スキルを身につける最初の一歩となるような授業を行うことになりました。そして達人先生としてお招きしたのが「お金教育の達人：村田幸紀さん」です。

最初に、村田さんから「自分が将来やってみたいお店を決めてみよう。決まったら、その看板をつくってみよう」というお題が出されました。子どもたちは「僕はお寿司屋さん」「私はお花屋さん」「オレは100円ショップ」「ジュエリーショップにしようかな」などといったように、自分のやりたいお店を決めていきます。

次に「どんな商品を揃えたらお客さんは喜んでくれるかな？」という問いかけに答えていきます。その商品を描いた塗り絵をネット上からダウンロードして印刷します。そして「きれいな商品と汚い商品だったらどっちを買う？」と聞かれたクルーたちは「きれいなほう！」と答え、「それなら商品はきれいに塗ってみようか」と村田さんがアドバイスをします。「できあがったら、いくらで売るかを考えて、値段をつけてみて」と、子どもたちに自分で考えさせ、自分の力で準備を進めさせていきます。

そして全員の準備が完了したところで、次の３つのコミュニケーションルールが伝えられます。「①値段交渉をしてもいい」「②売った側（子ども）は『買ってくれてありがとう』と声かけをする」「③買った側（大人）も『売ってくれてありがとう』という声かけをする」です。「いらっしゃいませ〜！　いらっしゃいませ〜！」と呼び込みをするクルーたちの勢いに押されながら「これかわいいね！」「これおいしそう！」と楽しそうに買い物をするガーディアンクルーたち。みんなが笑顔で「買ってくれてありがとう」「売ってくれてありがとう」と喜びの交換が行われます。

村田さんが子どもたちに伝えたかったのは、「お金とは誰かからの『ありがとう』の対価である」ということ。売る人は商品を、買う人はお金を渡すことで「ありがとう」を交換している。だから「ありがとう」の質量が大きければ大きいほど、人は多くのお金を手にすることができるんだよ、と。

子どもたちは、売れることの喜びや楽しみを味わい、最後はどのお店も完売しました。閉店後に今日の売上を計算して、リジチョーに金額を報告。以上で、年末のアメ横のような賑わいと人口密度になったホクレア校舎での達人授業は終了となりました。

「たくさんの人に喜んでもらえるほど、その喜びが大きければ大きいほど、もらえるお金は大きくなる。だからもっともっと喜んでもらえることを考えて、トライしていこう！」というマインドが、小学1年生のクルーにも芽生えたのです。だから彼らがビジネスを考えるとき、人の喜びを考えることから始めます。

●実戦デビューとなった「ハロウィンハウス」

2022年10月28日、ハロウィンイベントとして「ハロウィンハウス」を開催。どんな催しを企画するかみんなで話し合いをしていると、4月に行った「面白いほどモノが売れるお店屋さんごっこ」の影響もあったのか「自分たちでお金を稼ぎたい！」という声が多く上がりました。

そこで、1階をフリーマーケットスペース、2階をゲームスペース、近所の公園をピニャータ会場としました。ピニャータは、メキシコで子どもの誕生日やお祭りなどイベントの際に使う「くす玉」のようなもののことです。中にはお菓子が詰められており、それを上から吊るします。そしてスイカ割りのように、目隠しをして棒を持った子どもたちが交替でピニャータを叩き割ります。最後に、中から飛び出したお菓子を子どもたちが拾って分け合うというものです。

集客は、1人1枚ハロウィンポスターを手づくりして、最寄駅や近隣の飲食店と商店に貼ってもらえるように飛び込み営業をすることに。次から次へとお店に入ってポスターを店内に貼ってくれるよう交渉をしていきます。江ノ島界隈の飲食店はコロナ禍でかなり厳しい状況だったはずなのですが、地元の子どもたちの頑張りに応えてあげようと、気持ちよく協力してくださいました。地元の皆さんには、改めてお礼申し上げます。

ハロウィンハウスは平日午後の開催ということもあり、客足は鈍かったのですが、15時を過ぎる頃には、20〜30人がホクレアを訪れてくれて、一軒家校舎がキャパシティオーバーになるほど賑わい始めます。ピニャータに参加してもらいたくて、一生懸命に参加を促すクルー。遊びに来てくれた子どもたちに手づくりのゲームを楽しんでもらうために、ルールの説明に熱がこもるクルー。お釣りが計算できるか自信はないけど、商品が売れるようにアメ横ばりに「いらっしゃい、いらっしゃい」と声を張り上げるクルー。人に喜んでもらえると自分たちも嬉しいし、その嬉しさがまた別の人に伝播していく、ということを肌で感じられる1日になったようです。
何でも効率化しようとする現代ビジネスの真逆を行くクルーたちの一生懸命な姿勢を見て、全てが効率化された先に待っているのは、さらなる効率化ではなく、非効率なストーリーなのだと感じさせられました。

●リピーターをつくった「にしかまフェス」

次の舞台は、西鎌倉で行われた「にしかまフェス」です。このフェスは、大人が家族や子ども向けに出店することは多いのですが、子どもが子ども向けに出店することはあまりないようです。それだけに子どもたちにとって素晴らしい機会になると思いました。

ホクレアに与えられたスペースは、会場でも一番奥のほうでした。そこにブルーシートを敷いて、フリーマーケットの店舗スペースと、クラフトワークのスペースを構えます。開店と同時に、ハロウィンのときと同じように「いらっしゃいませ！　いらっしゃいませ！」と威勢のよい元気な声が会場内にこだまします。ただ、神社の奥まった場所であることと、大人（ガーディアンやスタッフ）がたくさんいて、なんだか入りづらそうな雰囲気を感じてか、寄ってくる人がほとんどいません。

しかし、この日はハロウィンのときとの違いが2点ほどありました。「お客さんがこちらに来てくれないのなら、こちらから呼びにいく」という呼び込み営業と、「お客さんがこちらに来づらいのなら、こちらから商品を持っていく」という訪問販売をしたことです。

するとどうでしょう。「ねえねえ、今何やってるの？　僕たち、向こうでお店やってて、面白いから来ない？　今は無理？　そうしたら、後で来てよ。僕もそのときにいるようにするから」と約束を取り付けていきます。その結果、親と一緒に来店してくれる子や、友だちを何人も連れて来店してくれる子がいて、フリマで商品を購入してくれたり、ワークショップに参加してくれたのです。

同時に、商品をカゴに入れて会場内にいる人に売って回りました。「この服どうですか？　サイズも良さそうだし。100円ですよ」と。すると売れるんです。そしてまた新たな商品を持って売りに出かけます。するとまた売れるんです。「売ってきたら？」のたったひと言がきっかけで、どうすれば買ってもらえるかを実践しながら身につけていったのです。商品はどんどん売れていきます。

そして、ゲームコーナーでもハロウィンのときと違うことが1つありました。それは、午前中に遊び道具をつくるワークショップを行い、午後はワークショップの参加者が午前につくった遊び道具を各自持ち寄って遊ぶという、1人から2回の参加費をもらうリピータービジネスを展開したことです。

ゲームは「紙コップ魚釣り」。紙コップに魚の絵を書いて、底面にはフックが引っかかるようにクリップを取り付けます。釣り竿はわりばしにたこ糸をつけて、その先にフックを取り付けて、紙コップの魚を釣るゲームです。

地域のフェスでは、口コミとリピーターづくりに成功

クルーたちは、紙コップで魚やタコをつくる午前のワークショップに参加してくれた子どもたちをサポートしながら、午後の魚釣りゲームの営業も怠りません。そしてワークショップに参加した子たちが、作った魚を持って会場内を歩いていると、他の友だちに「何それ？」と聞かれ、「あそこでつくれるよ。午後からはそれを釣るゲームもあるんだよ。一緒にやろうよ！」という口コミが生まれているのです。それを聞いた友だちは「いいなー、わたしもやりたい！」となって、新規顧客を獲得していくという口コミマーケティングにも成功していたのです。

そして、ワークショップに参加してくれた子どもたちが、自分のつくった紙コップの魚を持ち寄って、段ボールでできた池に放流して魚釣りゲームを楽しんだのでした。

ちなみに「ハロウィンハウス」と「にしかまフェス」での売上は、2日間でなんと2万円超！　恐るべし、ホクレアクルーです。この売上はホクレアの財布に入れて、「たくさん貯まったらみんなでどこか旅行したいね」と話しています。

その後、2023年4月からは137ページで紹介した「アントレプレナースキルズクラブ」がスタートし、起業スキルは向上し続けています。

スキル3：世界のどんな環境でも暮らせる〈アウトドアスキル〉

ホクレアでは、毎週木曜日はまるまる1日外で体を動かす「アウトドア体育」の日です。アウトドア体育では「生涯続けられること」「自然を感じられること」「災害時に役立つこと」をテーマにして、アクティビティを決めています。

〈アウトドアスキル〉

地震や台風などの自然災害は、いつどこで遭遇するかわかりません。災害時どんな状況でも、落ち着いて「自分の命を守る」行動を取れるようにするとともに、自分と自然とのつながりを意識し、地球環境に関心を持つこと、また、生涯続けられるスポーツと出会い楽しむことを目指します。

・「生涯続けられる」こと

ビーチや山に出かけていき、テントを張ってから、ビーチヨガ、ビーチラン、ビーチフラッグ、オーシャンスイム、シュノーケリング、サーフィン、カヤック、セーリング、ライフセービング、トレイルランニング、マウンテンバイクで汗を流し、ランチは自分のメスティンで炊いたご飯を食べる。秋にはトレッキングしながらキャンプに出向き、冬にはアイススケートをしに出かけたり、山へスキー・スノーボードをしに行きます。どれも、海や山や川があればひとりでも楽しめるアクティビティばかりです。

一般的な小学校の体育では、陸上、マット運動、水泳といった個人でやる運動もありますが、ドッジボール、サッカー、バスケットボールなどの大勢でやる団体スポーツの時間が多いと思います。僕自身、子どもの頃は、小中学校の体育でやる運動や競技は何でも好きでした。でも、大人になった今、当時やっていたバスケットボールやサッカーなどの競技は、どれも続いていません。その理由は、自分の興味関心が他のことに移ったからという面もありますが、「物理的な制約」というのが大きいように感じています。

小中学生の頃は、当たり前のようにクラスに30人程度の友だちがいて、校庭には大きなグラウンドがありました。しかし、大人になってから集団スポーツを行うのに十分な人数と場所を確保するのはなかなか大変なことです。個人競技であっても、陸上競技や器械体操となると、整備された広いフィールドや体育館が必要になります。そうした物理的な制約から、集団スポーツや、グラウンドや体育館が必要なスポーツから疎遠になったように思います。

一方で、現在生活の一部になっているスポーツは、ジョギング、バイク（自転車）、オーシャンスイム、SUPです。これらに共通して言えるのは、湘南という場所柄もあり、特別に予定を立てなくても、やりたいときにすぐにできるところです。つまり、**「ひとりで、道具もあまり持たずに、玄関を出たらすぐにできるスポーツ」が、無理なく長い期間続けられるスポーツなのだ**と考えるようになりました。

ホクレアの子どもたちも、みんなで行う体育は、どんな内容であれ楽しくて仕方ないだろうと思います。ただ成長するにつれ、興味は移り変わっていくでしょうし、物理的な制約もついて回ることになるでしょう。そうであれば、**歳を重ねても続けられる、願わくは生涯続けられるスポーツを今のうちから体験して、ホクレアで経験したスポーツが人生の一部になってくれたら嬉しい**。そう思って「アウトドア体育」として、最初に挙げたようなアクティビティを取り入れることにしたのです。

●「自然を感じられる」こと

自然災害は、その突然の発生と広範な影響で、私たちを震え上がらせます。地震、津波、台風、火山噴火といった自然現象は、予測不可能なうえに一瞬で私たちの日常を破壊し、甚大な被害を引き起こします。一方で、私たちが無意識のうちに依存し、多大なる恩恵を受けているのもまた、この自然です。

そしてその自然が提供してくれる水・波・風・雪・土・砂などを利用するのがアウトドア体

育で、海・川・山・森・砂浜の全てがホクレアにとってのプレイグラウンドです。

アウトドア体育でアウトドアスキルを育むことは、一般的には「知識として身につけるだけ」で終わってしまうことを、**実際に自然の中に入り込んで、その楽しさと怖さの両方を自らの体で感じ、自分にできることと自然には逆らえないことを学んでいく**ことです。このような体験で自分と自然のつながりを意識するようになり、自分と自然の役割の違いを認識するようになります。ホクレアクルーたちには、地球環境をじぶんごととして考えられる人になってほしい。そして、アウトドア体育を通じて自然を感じ、自然との共生を大切にする人に育ってほしいと思っています。

●「災害時に役立つ」こと

アウトドア体育では自然の中でのアクティビティを楽しんでいますが、それと同時に「災害時に役立つスキル」を身につけることを大切にしています。それは「これからの人生に何があっても絶対に生き抜いてほしい」からです。

地球規模の気候変動で天災は増えており、日本では20年以内に60％程度の確率で「南海トラフ巨大地震」が起きるといわれています。こんな大規模の災害は、もしかしたら一生に1度の出来事かもしれませんし、2度あるかもしれません。その**一生に1度か2度の危機が目の前で**

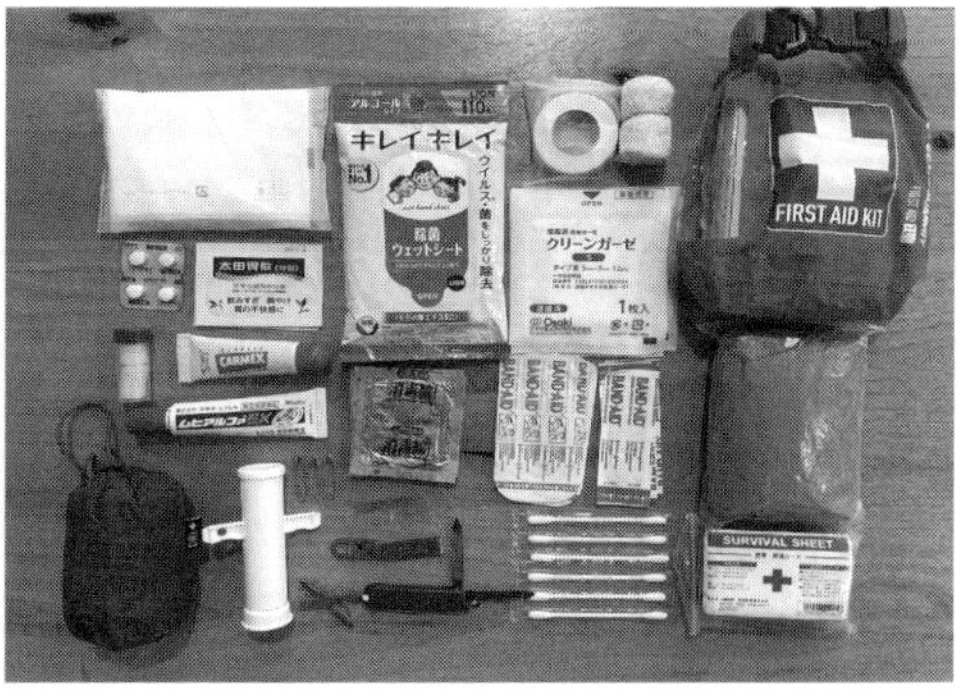

（右）怪我や急な体調不良のときに役立つファーストエイドキット
（左）海にも山にも持ち歩くアウトドアパックは避難時にも活躍する

起きたとき、確かなスキルがあれば、自分や家族、そして周囲の人たちを助けることができる可能性が高まります。そのためにも「アウトドアスキル」は十分に身につける価値のあるものだと考えているのです。

　では、ホクレアのアウトドア体育では、災害時に役立つスキルを身につけるためにどのようなことをしているのか。いくつかご紹介したいと思います。

　まずは、災害時の生命線ともなる「アウトドアパック」です。これはクルーひとりにつき1つ与えられる、オレンジ色のバックパックです。いつもホクレアの玄関横に置いてあって、災害時にそのまま持って逃げて、避難場所で避難生活ができるようになっています。中身は、テント、ロープ、ファーストエイドキット、エマージェンシーシート、ポンチョ、メスティン、固形燃料、非常

サバイバルの3の法則

３分間　：呼吸ができないと死に至る
３時間　：低体温のままでいると死に至る
３日間　：水分を摂取できないと死に至る
30日間：食糧を摂取できないと死に至る

食などです。

アウトドア体育の日、クルーたちは、このバックパックを背負って海や山へと出かけていきます。そして、その場所でテントを張り、お米をメスティンに入れて、水を加え、火をつけて、ご飯を炊き始めてから、体育を開始します。途中で雨が降ったり、寒かったりすれば、テントに入ります。怪我をしたらファーストエイドキットの中から消毒綿や絆創膏を出して、簡単な手当てをします。海や山に出向いて体育をやりながら、彼らは何も意識することなく、自然災害が襲ってきたときの対応を身につけているのです。

「防災の達人」として、ホクレアを支援していただいているアウトドアライフアドバイザーの寒川一さんに、「災害時に自らの力で『水』と『火』というライフラインを確保して、飲み水と食事をつくる」といった、ガーディアンクルー向けのワークショップを行っていただいた際に、「サバイバルの3の法則」の話をしてもらいました。これは寒川さんの著書『キャンプ×防災のプロが教える　新時代の防災術』（学研プラス）にも書かれているものなのですが、子どもたちにも理解しやすく覚えやすいので、避難訓練時にはいつも確認しています。

●ガチの避難訓練

こうしてクルーとガーディアンの双方がアウトドアスキルを身につけながら、いつ起きるかわからない災害から身を守り生き抜くために、アウトドア体育では「ガチの避難訓練」も行っています。

ガチの避難訓練は、命を守るために高台にある公園まで猛ダッシュ

ホクレアクルーの多くは、2011年の東日本大震災のときにはまだ生まれていなかった子たちです。その子たちに地震の恐ろしさを口で伝えてもなかなか伝わらないので、東日本大震災のときの映像を見せ、災害時に人の命がどのような順番で失われていくのかを話しました。

その後、ガチの避難訓練の開始です。初めて実施したのは、2023年3月1日。真冬に大地震が発生し、16m超の津波が迫ってくると想定しての避難訓練です。流れは次のとおりです。

① 避難訓練

海抜30m 以上の場所へ、揺れが起きてから20分以内に避難

② 低体温症対策訓練など

テント設営／サバイバルシートにくるまって体温維持／水の確保／災害用伝言ダイヤルにメッセージを録音

③ 炊き出し訓練

燃料拾い / 火おこし / 確保した水からお湯を沸かし、非常食をつくって試食

④ 引き渡し訓練

ガーディアンクルーに伝言ダイヤルで引き渡し場所の確認をしてもらい、クルーのお迎えに来てもらう

初めての試みでしたが、全員が必死になって高台にある公園を目指し、目標時間内にたどりつくことができました。真冬の想定で行った訓練だったので、まずは風よけのために避難場所で2人1組でテントを張り、エマージェンシーシートにくるまって体温を維持する訓練を行いました。そして非常食を試食した後は、東日本大震災が起きたとき、自分はどこで何をしていて、自分の周りではどんなことが起きていたのか、ホクレアスタッフがリアルな体験をクルーたちにシェアしたのです。

●リジチョーが叱るのは「命に関わる」とき

この流れでお話ししておきたいことがあります。普段の授業など現場のことは学園長とキャプテンに任せているので、僕が日常で叱る場面はほとんどありません。しかしホクレアクルーたちはリジチョーが叱るとても怖いことを知っています。そして僕が子どもを叱るときにはひとつの軸があります。それは「命に関わる」ときです。

①「自分の命を守る」ために

先述のとおり、ガチの避難訓練の後半では、ホクレアスタッフが東日本大震災の体験談を話してくれました。津波の恐ろしさ、パニックに陥った日本、ボランティア活動中に被災者から聞いた話などです。しかし、この話を聞かず、他の子にちょっかいを出して悪ふざけをしているクルーがいました。このときは、怖い雷を落としました。

最後の最後に、自分の命を守るのは自分自身です。人生で1度か2度は遭遇するであろう大災害。そのときに必ず生き抜いてほしいから、避難訓練やアウトドア体育で、命に関わる話や実践をしているときに悪ふざけをしているクルーがいれば、真剣に叱ります。

②「仲間の命を失わない」ために

ホクレアは異年齢学級ということもあり、一般的な学校よりは、子ども同士の小競り合いが少なく、長引かないと思っています。誰かひとりが複数人の子から責められたとしても、年上の子が間に入ってくれるからです。そうはいっても、子ども同士ですから小競り合いはよくあることです。

その小競り合いを見ている周りの子は、自分の正義感でその出来事をジャッジするでしょう。そして気がつくと派閥化して、集団がひとりを責め立てるようなことが起きてしまいます。集団となった子どもたちからしてみれば、その子を責め立てるには理由があって、もしかしたらそれは正論かもしれません。でも、正論を振りかざしたところで、相手をさらに追い込むだけです。

「正論だったからいじめではない」と子どもたちは（もしかしたら大人も）考えるかもしれませんが、正論はときに言葉の暴力となり、人の心を打ち砕きます。上司が部下に対して正論を振りかざして、正論ゆえに言い返せずに部下が潰されていくのと似ています。

ホクレアでは、キャプテンが一人ひとりを見てくれているので、今のところ大事に至ることはありませんが、それでも小競り合いに発展するケースはあります。そこから集団になって、ひとりの子を責め立てるようなことがあれば、一緒になってその先に起きることを考えようと思っています。それでも続けるようなことがあれば、本気で叱ることになるでしょう。

③「人の命を奪わない」ために

「叱る」というレベルまではいかないものの、気になったときは注意するようにしていることがあります。それは、「誰かの邪魔をしているとき」です。

ホクレアでは、クラスにいる生徒全員が先生のほうを向いて授業を受けるということはありません。1年生も、入学して2週目から個別自立学習をスタートします。とはいえ、低学年のうちは、どうしても集中できないことも多いです。周りの子のことが気になり始めて、ちょっかいを出してしまうことがあるのです。ちょっかいを出された子が気にせずにいられればいいのですが、「待ってました！」と言わんばかりに一緒に遊び始めてしまったりします。

対応はその場にいるキャプテンに任せていますが、自分の目の前で起きたときには注意します。**人の邪魔をすることも命に関わることだと考えているからです**。

私たちの命の長さは人によって異なります。長い人もいれば、短い人もいます。それは現生との別れの日にならなければわからないことです。でも、長かろうが短かろうが、人の邪魔をするというのは、その人の大切な時間を奪う行為、つまりその人の大切な命を、いたずらに使ってしまうことだと考えています。

集中できないときに「今は勉強しない」とその子が決めたのであれば、それは自分の命の使い方を自分で決めているのでOKです。でも、「自分が集中できないから、あの子にちょっかいを出して一緒に遊ぼう」はNGだと、注意がてら話すようにしています。それを承知で人の邪魔をしているクルーがいれば、怖い雷を落とすことになるでしょう。

「まだ小学生なのだから」「まだ子どもなのだから」ではなく、大人になってから平気で遅刻したり、約束を急にキャンセルするなどして、他人の時間を奪う人にならないためにも、今から少しずつ伝えています。そしていずれは、人の時間を豊かにする人へと成長してくれることを願っています。

さて、ここまでホクレアの「育む3つのスキル」がどのように育まれていくのかをお伝えしてきました。ここからは、ホクレアが「大切にしている3つのこと」を常に意識させてくれる〈STARナビゲーション〉と、旅するホクレアクルーたちを見守る〈ガーディアンクルー〉の存在についてお話ししていきたいと思います。

ホクレアマインドを養う〈STARナビゲーション〉

ホクレアクルーには、自分の人生を歩んでいくなかで、「世界中に仲間をつくる」「自分で決める」「リミッターを外す」の3つを大切にしてもらいたいと考えているので、ホクレアではこれらのことを体験できるような機会をたくさん用意しています。とはいえ、どれも数値化できるようなものではなく掴みどころのないものですから、クルーたちの人生に定着させるのは容易なことではありません。そこでクルーたちが日常でも「大切にしている3つのこと」を意識できるように標語にしようと考え、生まれたのが〈ＳＴＡＲナビゲーション〉です。

ことの発端は、イエナプラン教育を取り入れた長野県南佐久郡佐久穂町にある「大日向小学校」初代校長の桑原昌之さんと、オルタナティブスクール「ヒミツキチ森学園」のグループリーダーである青山雄太さんとのオンライン対談に交ぜていただいたときのことです。

桑原さんは、学級づくりをする際に「誰もが安心してチャレンジできる学級になるために、個々を認め合うリスペクトが大切で、その結果としてスマイルが生まれる」という考えを持っていらっしゃいます。そして、その考えを子どもたちの日常に浸透させるために、「今日はチャレンジできてた?」「スマイルで過ごせた?」「友だちのことリスペクトできてた?」と、ことあるごとに「Challenge・Smile・Respect」のＣＳＲを問うようにしているそうです。

この標語がホクレアの「大切にしている3つのこと」と親和性が高いと勝手に感じた僕は、その場で桑原さんにパクリ宣言をさせてもらい、ホクレア版の標語をつくることにしたのです。そうして生まれたのが〈ＳＴＡＲナビゲーション〉です。ＳＴＡＲはSmile、Try、Autonomy、Respect の頭文字を取っています。

S＝Smile：笑顔

T＝Try：挑戦する、努力する

A＝Autonomy：自主性

R＝Respect：尊重する

ホクレアでは「世界中に仲間をつくる」というビジョンを掲げています。だから〝Smile（笑顔）〟を大切にしています。人が笑顔の人に集まってくるのは世界共通のことですから。

そして「リミッターを外す」ということは、バイアスから解き放たれて新しいことに〝Try（挑戦）〟することであり、そのために〝Try（努力）〟すること。「やったことがないから、できない」のではなく、「やったことがないから、やってみる。やってできなかったから、できるように努力してみる」ことがリミッターを外して Try することです。

「自分で決める」は、親や先生など誰かが決めたものをやるのではなく、〝Autonomy（自主性）〟を持って、自身の目的や目標にもとづいて意思決定を行う行動指針です。「自（おの）ずからに由（よ）る」こと、つまり「自分で決めたことは、自分で責任を取る」ことで、自分の人生に自由でいようということです。

そして、生まれ育った国も文化も宗教も異なる人たちと仲間になるには、その多様性を〝Respect（尊重）〟することが大切です。この〝ＳＴＡＲ〟が日常から意識されているホクレアクルーたちは、きっと世界中に素敵な仲間をつくってくれるでしょう。

ちなみに、スターナビゲーション（Star Navigation）とは、星を使った航海術の名前でもあります。その昔、コンパスも計器もなかった１０００年以上前、古代ポリネシア人がカヌーでハワイ諸島などに向かって航海する際に、彼らが特に頼りにしていた一等星の名前が「ホク

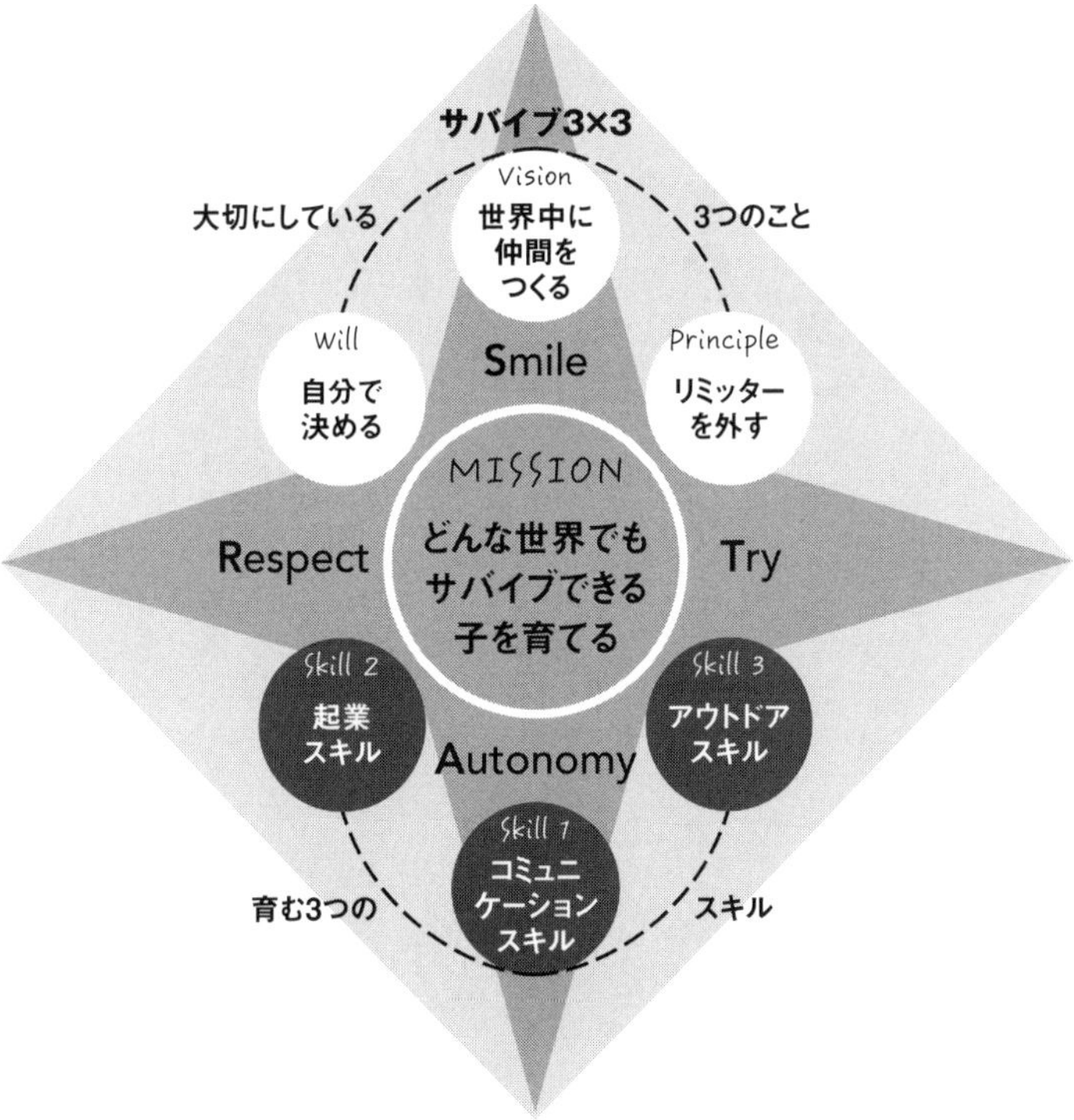
サバイブ3×3
大切にしている
3つのこと
Vision
世界中に
仲間を
つくる
Will
自分で
決める
Principle
リミッター
を外す
Smile
MISSION
どんな世界でも
サバイブできる
子を育てる
Respect
Try
Autonomy
Skill 2
起業
スキル
Skill 3
アウトドア
スキル
Skill 1
コミュニ
ケーション
スキル
育む3つの
スキル

レア」。大海原にいる自分自身をコンパスの中心にして、水平線からの星の角度を測り方角を読む。このように星を使った伝統的な航海術がまさにスターナビゲーションなのです。

これにならって湘南ホクレア学園のクルーも、「どんな世界でもサバイブする」という目的に向かって進んでいく際に、「大切にしている3つのこと」を日常の行動指針として意識できるよう、独自の〈STARナビゲーション〉を使って確認することにしたのです。

現在ホクレアでは、キャプテンが「今日はホクレアでSmileで過ごせた?」「今週、新しいことに「Tryできた?」「今の判断にAutonomyはあった?」「あのとき友だちをRespectできてた?」といった問いをクルーたちにしています。

喜びも悲しみも共有する保護者は「真友」

学校と保護者は、ともすれば「提供者と受益者」のような関係になりがちです。敵対とまではいわなくても、「それは学校の責任ですよね」とか「それは家庭の問題でしょう」といった具合に、互いに極力関与しないように線引きをしてしまう。こういうケースは多々あると思います。「子どもを預かる学校側」と「子どもを預ける保護者側」というように区別することで、何かの拍子に対立関係ができてしまったりするのです。

とはいえ、「何か問題が起きたときの責任の所在を明確にしたり、問題解決をスムーズに行うためにも、学校側と保護者は分けておくべきだよ」というのは、もっともな考えだと思います。もし、ホクレアをビジネスとして「経営」するならば、そうすべきかもしれません。しかし**ホクレアでは、受益者はホクレアに関わる全員であり、その中でも一番に考えられるべきことは「子どもたちの成長」だと考えています。**

これまでお話ししてきたとおり、ホクレアには「先生」がいません。わかりやすくするために、ホクレアを運営する「ホクレアスタッフ」と、保護者である「ガーディアンクルー」と呼び方を変えていますが、そこに立場を区別する意図は全くありません。ちなみに僕も、学園長のユリも、キャプテンのミワも、ホクレアスタッフでありながら、子を預けるガーディアンクルーでもあります。ホクレアに関わる大人たちは、子どもを「預かる側」「預ける側」といった立場を取り払った、共に子どもたちの成長を見守る存在です。そういう意味では、**みんなが「ホクレアクルーを見守るガーディアンクルー」なのです。**

子育てをしながら、自分の子どもたちの世代の未来を憂い、自らもホクレアで実施している授業に参加して学びながら成長し、互いに悩みを相談したり、嬉しいときには喜びを共有し、悲しいときには寄り添って一緒に泣く。そんなことができるガーディアンクルーを僕は「真友

（しんゆう）」だと思っています。もしかしたら片思いかもしれないけれど（笑）。
でも、私たち大人のこのような姿を見て、子どもたちも友人や仲間の存在の有難さに気づき、彼らもまた世界に仲間をつくりながら真友との関係を大切にしてくれるのだと思います。

ちなみに、ホクレアのガーディアンクルーたちは本当に仲が良いです。「どうしてだろう？」と考えたときに、いくつか思い当たることがありました。たとえば、年齢で学級を分けない異年齢学級という環境で、テストも成績表も宿題もないので、自分の子と他の子を比較する必要がないということが考えられます。同じ年齢の子たちを、同じ評価基準をもって相対的に見るという軸と文化はホクレアにはありません。それゆえ、「落ちこぼれ」とか「他の人より先に進んでいる」といった考えが生まれないのです。

ですから、ガーディアンクルーの会話も「うちの子、1学期の算数は2だったから、もっと頑張らせないと」といったものではなく、「うちの子、算数は苦手みたいなんだけど、絵を描き始めると夢中になって集中力がすごくて。ホクレアのみんなに描いてあげた絵、みんなに喜んでもらえたって嬉しそうだったの。そういえば、こないだイッサがジャムをつくってくれたって聞いたんだけど、イッサは本当に料理が上手だよね！　もらったジャムがすごくおいしかったって、うちの子言ってたよ～！」といった感じです。

一人ひとりのクルーが自分のペースで学んでいて、好きも嫌いも、得意も苦手も、その姿はその子そのもの。**ホクレアには、互いの個性やポテンシャルを認め、それを尊重し合うことが**

自然とできる環境が整っているのです。

ホクレアと家庭で「違うことを言わない」

ガーディアンクルーには、「ホクレアで言っていることと家庭で言っていることが異なると、子どもがどうしたらいいのか迷ってしまうので、大きな行動指針となるところは合わせていきましょう」という話をしています。これはイエナプランの考え方がベースとなっているのですが、「ホクレアでは肯定されるけど、家では否定される」といった「違い」が起きないようにしましょう、ということです。

わかりやすい例を挙げてみましょう。「ホクレアでは『自分で決める』を大切にしています。なので家庭でも、『こういうものなんだからそうしなさい』とか『そうするのが当たり前だ』といった感じで子どもの意見を聞かずに親の判断だけで決めてしまうのはやめてください、ホクレアのようにサークル対話をして意見を出し合って、本人の意思も確認してから決めてくださいね」と伝えています。

とはいえ、なかなか難しいのが現実です。パパ会、ママ会、大人の小学校など、ガーディアンクルーが集まった際には、「ウチこうなのよー」「ウチだってそうよ」と、失敗談を交えて最近の出来事を共有しています。そして、「じゃあどうしようね～?」「こういうふうにやってみるのはどうかな？」といった話をして、ときにはやり直しながら少しずつ前に進んでいく。そんなことを繰り返しています。

僕自身も、ホクレアのリジチョーとしての考え方と、父親としての価値観の間に微妙な差異があって、息子には理不尽と思わせてしまうことがしょっちゅう。反省の毎日です。でも、ホクレアと家庭の指針が異なると、「ホクレアではこんな子。自宅ではあんな子」と大人の顔色を気にして生きるようになってしまうので、ホクレアスタッフとガーディアンクルーの指針の軸を同じにするために、ガーディアンクルーとスタッフがこまめに対話していくことが大切だと考えています。

「楽しい」が循環する保護者超参加型

ホクレアはみんなで育てる〝学校〟です。ホクレアクルーが中心にいて、それを支えるガーディアンクルーとスタッフ、そして地域の方々や協力者の皆さん、全員で育てていきます。そう、保護者超参加型、保護者積極的介在型、ご近所一体型がコンセプトの1つなのです。

学校説明会では必ず「子どもを『よろしく！』と、まるっと預けるのはやめてくださいね」とお伝えしています。実際、「預けるので後はお任せします」という考えを持っているガーディアンクルーはひとりもいません。皆さんホクレアのイベントや授業に積極的に参加してくれます。

このように伝えると、保護者の方々のなかには「当番制でイベントの準備を手伝わないといけないのかな？」「仕事を休んでも参加しないといけない行事があるのかな？」と不安に思う方もいるかもしれません。また、教える側・運営側にいる方々のなかには、「保護者に『どんどん参加してくださいね』とお願いするのは気が引けませんか？」「保護者を呼んでうまくいかなかったらクレームの対象になるかも」と恐れる方もいるかもしれません。先述のとおり、学校と保護者は「提供者と受益者」の関係になりがちなので、ついこのように、互いが関わり合うことに不安や恐れを抱いてしまうのでしょう。

世界標準の英語の学び方を学ぶ「大人の小学校」

しかし、ここでいう保護者超参加型とは、そういうことではありません。ホクレアでは、保護者が参加してもＯＫのイベントが目白押しなので、ガーディアンたちはみんな、あれもこれも「参加したい！」「行っていいですか？」といった感じなのです。もちろん仕事の関係で、平日のイベントには参加できないガーディアンクルーもいらっしゃいますが、内心参加したくてうずうずしています。

たとえば、達人先生をお招きした日は、「大人の小学校」と称して大人向けにもセミナーやワークショップをしてもらうことがあるので、都合のつくガーディアンクルーは参加しにやってきます。

それから、毎週木曜日に行っているアウトドア体育などは、「次のアウトドア体育は、カヤックとシュノーケリングです。ガーディアンクルーもウエットスーツ持参で参加してね」や「今週の探究体育は、砂浜で戦国時代をタグラグビーで再現するので、砂まみれになってもいい格好で参加してね」といった感じで参加を呼びかけています。

ガーディアンクルーの参加率は非常に高く、特にアウトドア体育はママたちに人気がありますす。ガーディアンクルーはただ見学するだけでなく、実際に輪の中に加わり、親子で一緒に学び楽しんでいます。


子どもが学校でどんなふうに過ごしているのか、というのは親であれば皆気になるところでしょう。子どものようすを先生に聞くのもいいのですが、実際に自分の目で見ることができたほうが安心できるのではないかと思います。そういった意味でも、ホクレアの授業に参加していただき、子どもたちの普段のようすを見てもらえるのが一番良い方法だと思うのです。

そして、子どもたちが楽しく過ごしている姿を見ているうちに、ガーディアンたちは「自分も楽しんじゃおうかな」という気持ちになって、気づけば子どもたちと一緒になって楽しんでいます。子どもたちは、自分の親が楽しんでいたり、真剣に学んでいる姿を見ることで、「パパたち楽しそう。ここは楽しんでいい場所なんだ！　わたしももっと楽しもう！」「ママたち一生懸命に学んでる。学んだことを楽しそうに話してくれる。学ぶってきっと楽しいんだ。わたしももっと学んでみようかな」と感じるでしょう。このように保護者超参加型のおかげで、「『楽しい』の好循環」が生まれています。

ホクレアでは、スタッフやクルーが企画するイベントがほとんどですが、ガーディアンクルーから、「地元の神社でフェスがあるのですが、ホクレアで参加して何かやってみませんか?」「米軍基地内のハロウィンにホクレアクルーを連れていきませんか?」といった企画を提案してもらえることもたびたびです。

湘南ホクレア学園はハードウェアでもソフトウェアでもなく、「どんな世界でもサバイブできる子を育てる」という使命をもった壮大なプロジェクトだと思っています。このプロジェクトの中で、リジチョーはリジチョーの得意なことを、スタッフはスタッフの得意なことを、ガーディアンもそれぞれの得意なことに力を発揮してもらっています。だから、誰か1人がいなくなったり、誰か1人が増えたりすれば、その都度ホクレアの形も色も大きさも変わっていきます。そうやってクルー、ガーディアン、スタッフ、地域、世界が有機的につながることで、今日のホクレアができあがっているのです。

第 5 章

オルタナティブ スクールの未来

ホクレア学園の今後の構想、
そして「オルタナティブスクール・ジャパン」の
これからについて。

ホクレアのこれから

ここまで湘南ホクレア学園について紹介してきましたが、「ホクレアのやり方が正解だ!」と思っているわけではありません。今までの教育のあり方や、他の教育メソッドを否定したいわけでもありません。子どもたちにそれぞれ個性があるように、学校や教育のかたちにもそれぞれ個性があるのは当然だと考えているからです。むしろ、特色の違ういろんな学校や教育メソッドがあって、子どもたちが自分に合ったものを選べるのが望ましいと思っています。

そして、「ホクレアのやり方」というのも、現状のものが「完璧」かといえば、そうではありません。そもそも、「完璧」になることなどありえません。そのときどきで、必要なことや求められることは変わっていくのですから。

今は、「現時点」でのホクレアに最適なカリキュラムで、それをもとに日々子どもたちの学びと成長をサポートしています。でも、現状で何か課題が生まれたり、うまくいかないことが起きたら、今のやり方に固執せずに柔軟に変化させていくつもりです。

ホクレアのカリキュラムづくりをサポートしてくれた青山雄太さんは以前、「カリキュラムって『生もの』だと思ってる。つくり込んで完成したら終わりではなく、余白があって変わっていくことでできあがっていくもの。ホクレアでは、キャプテンを始めとしてスタッフがみんなで試行錯誤しながら取り組んでいて、その姿勢が健全だなと感じる」と、おっしゃってくれました。

ホクレアは、これからもどんどん変わっていきながら、同時に、変わらないものを大切にしていきながら、子どもたちを見守っていきたいと思っています。

そんな「ホクレアのこれから」について、現時点で考えていることを少しお話しします。

規模について

現時点でイメージしているホクレアの規模は、全校生徒60人です。

小学1年生から高校3年生までの12学年で、初等部は各学年6人を定員、中等部と高等部は各学年4人を定員とした、60人のクルーからなるスクール規模が現時点ではちょうど良さそうだと考えています。人数に特別な根拠はないのですが、肌感覚として、全校生徒と僕自身がコミュニケーションをとれる人数はこれくらいです。

規模が小さすぎると経営が厳しくなり、大きすぎると全クルーに対してホクレアのミッションを達成できない可能性があります。つまり、沈没することなく、だからといって豪華客船でクルーズするのではなく、クルー全員をどんな世界でもサバイブできる人間に育てる支援をしていくには、これくらいの規模がちょうどいいと感じています。

学級は、低学年グループ（小1～小3）、高学年グループ（小4～小6）、中等部（中1～中3）、高等部（高1～高3）の全4グループ。初等部は1グループ18人に対して、キャプテンが2人体制。つまり子ども9人に1人のキャプテンが付くということです。中等部・高等部はこれから本格的にスタートするので詳細もこれからなのですが、それぞれ12人のグループに1人のキャプテンがいて、キャプテンとは別に進路やキャリアの相談ができるナビゲーター（航海士役）を付けていきたいと考えています。

ただ、これらはあくまでもイメージしているスタンダードスタイルであって、mustではありません。目の前にいるクルーたちのようすを見て、人数のバランスを変えたほうがよければ変えていきます。また、小4になったら高学年グループに入らなければいけないわけでもなく、もう少し1～3年生の学力をつけたいと思うなら低学年グループに残ってもいいし、反対に、学力が中学レベルまで進んでいるなら中等部に飛び級すればいいと思っています。ですので、各グループの人数が一定である必要はなく、状況に応じて臨機応変に対応していこうと考えています。

変わること、変わらないこと

ホクレアのミッションである「どんな世界でもサバイブできる子を育てる」ための活動は、誰もが安心して生きられる時代になるまで続けていくことになるでしょう。

時代の変化と共に、サバイブするために必要なスキルは、「コミュニケーションスキル」「起業スキル」「アウトドアスキル」だけではなく、別のスキルが追加されるかもしれませんし、入れ替えが起きていくかもしれません。しかし、**大切にしている「世界中に仲間をつくる」「自分で決める」「リミッターを外す」の3つのことは、今後も変わることはないでしょう。**これらは、ホクレアが大切にしていることであると同時に、**ホクレアを出た後も、人生の中で大切にしていってほしいと願っていることでもあるから**です。

高等部について

現在ホクレアには、初等部と中等部があります。中等部ができたきっかけは、初等部を卒業するクルーが「ホクレアに中等部ができたら通いたい」と言ってくれたことです。その子が成長する道程にホクレアが必要ならば、その環境をつくってあげようと考え、中等部がスタートすることになりました。ですから、今後「ホクレアの高等部に進みたい」という希望があれば、もしかしたら高等部をつくるかもしれません。

……と、この本を書き始めたときに考えていたのですが、今は僕の考えが少し変わってきています。

今考えているのは、〈湘南ホクレア学園　中高一貫校〉の設立です。

約1年間を通して、公立中学校、中高一貫の私立校、中高一貫のインターナショナルスクール、オルタナティブスクールと、さまざまな学校に出向いて見学をさせてもらいました。そこで、公立・私立の校長・教頭先生や教員の皆さん、インターナショナルスクールやオルタナティブスクールの経営者の方々と、今の受験の仕組みや、一条校ではない学校に通っていた子たちの大学進学などについて対話をしてきました。そのなかで気づかされたのが、「ホクレアが本格的に中等部をやるなら、高等部までやるべき」ということでした。

その理由は「内申書」です。一条校の高校受験では、試験の結果と内申書の成績が合算されて、合否が判定されます。試験だけでなく内申書も合否判定に利用される理由は、試験当日の結果だけでなく、中学校での日々の学習成果も考慮して評価するという考え方があるからです。

しかし、内申書を書けるのは公的に認められた学校だけです。私たちオルタナティブスクールは内申書を書くことができません。これでは、たとえホクレアでしっかり勉強して、合格ラインの学力を身につけていたとしても、内申書がないことで志望校に行けない可能性が出てきてしまいます。オープン入試といって、内申書がなくても当日のテストの点数だけで合否を判断してもらえる受験方法もありますが、狭き門のためオルタナティブスクール出身者にとってはあまり現実的なステップアップ手段ではないと考えています。一方で大学受験に内申書はありませんし、出席日数も不要。必要なのは大学受験資格のみで、その目的を達成する手段はいくつかあります。

そのため、インターナショナルスクールやオルタナティブスクールの中等部をやっているところは、高等部もある中高一貫にしているところが目立ちます。ホクレアも大学受験まで導いていける役割を果たしつつ、ホクレアならではの中高一貫校にしていけたらいいのではないかと考えているところです。

どのようなスタイルがホクレアらしいかは、高等部までホクレアに通わせたいと検討してくれているガーディアンクルーと一緒に思い描いていくために、ブレインストーミングをスタートしたところです。その名は〈湘南ホクレア学園 高等部 未来創造学部 自分学科〉。未来を自ら創るために、今自分が学ぶべきことを学科にすることができる〝学校〟です。

人生100年時代と言われています。ひとつの職業で人生が終わる人はほぼいなくなると思われます。つまり、時代の変化と自分の成長に伴ってやることを変えていく時代になります。その時代がいつ来てもいいように、自らが未来を切り拓ける学びと体験を高校時代にしておけば、どんなことにでも対応できるはずです。ホクレア高等部は、自分自身が成長し続けるために、やり切る成功体験を経験させる〝学校〟にしたいと考えています。

蛇足ですが、小中高ができて人数が増えることを考えると、校舎も必要になってくるでしょう。60人の子どもたちが元気に駆けまわり、楽しく学んでいる声が近隣に響く学び舎がいつの日かできることを願って、僕のウィッシュリストには、「湘南・江ノ島エリアに木造平屋建ての校舎を持つ」と書かれています。

湘南以外にホクレアを開校する!?

「ホクレアを他のエリアには創らないのですか?」と聞かれることがあります。ユニークなオルタナティブスクールが日本全国に増えていくことには大賛成です。ただ、「ホクレア」が増えることが良いことなのかどうかは、正直わかりません。

「どんな世界でもサバイブできる子を育てる!」という建学の精神を持って別のエリアで開校したとしても、湘南ホクレア学園と同じようなスクールにはならないからです。それは、クルーも違うし、ガーディアンも違うし、スタッフも違うから当然です。つまり、湘南ホクレア学園は唯一無二のユニークな存在なのです。

ただ、そのエリアごとに異なるユニークなホクレアは創れるかもしれません。なので、「自分の住むエリアにもホクレアを設立したい！」という方や、「バイリンガル教育で体験重視のインタナティブスクールを創りたい！」などの声が上がり、その地域に創る社会的必要性があるのであれば、別の地域での開校も検討することになるかと思います。

これから僕は、ホクレアに通う子たちのためにも、また通えない子たちのためにも、オルタナティブスクール全体の発展に関わっていきたいと考えています。次節では、そういった想いと目標についてお話ししたいと思います。

オルタナティブスクール・ジャパン（ＡＳＪ）構想について

ここまで読み進まれた方の中には、「通わせたい学校がなければ、自分で創ってしまおう！」と考える方もいらっしゃるかもしれないので、ここではオルタナティブスクール同士の連携について書かせてもらいます（オルタナティブスクール設立には特に興味がないという方は、**第6章へお進みください**）。

２０５０年を生きる子どもたちの未来を考えたとき、日本の教育が変わるのを、口を開けて待っているほどの時間的余裕はないと考えています。そこで２０２２年から「オルタナティブスクール・ジャパン（以下、ＡＳＪ）」設立の構想を立て始めました。

Mission：オルタナティブスクールを身近な選択肢にする
Vision：ロールモデルとなるオルタナティブスクールを47都道府県に開校する
Our Goal：オルタナティブスクールが必要なくなり、ＡＳＪが解散する

テクノロジーの発展によりグローバル化が進み、国際社会において多様性を尊重することがスタンダードとなった今、日本においても子どもの多様性、つまりその子の持つ個性や才覚を大事にして自己肯定感や自己効力感を育む時代がやってきていると思っています。

そして多様な個を育てるためには、そのスイッチを入れることができる多様な学校やスクールの存在が必要になってきます。

そこでＡＳＪは、子どもの個性を輝かせる多種多様なオルタナティブスクールの設立・運営をサポートしながら、オルタナティブスクールが身近な選択肢となる「教育の多様化」を目指した活動をしていくつもりです。

自分の意思とは関係なく、学区という見えない壁によって決められた学校に通うのではなく、**子どもたちが「ここに通いたい！」と思える学校を自ら選び、自由に入学・編入できる日**

が来たら、子どもたちの目は輝き、イキイキとした毎日を過ごす姿が思い浮かびます。そのような日が来れば、オルタナティブスクールは「もうひとつの学校」ではなくなっているはずです。そのとき、ASJは役目を終えることとなるでしょう。僕はそのゴールに向けて行動してみたいと思うのです。

得意をギブし、苦手をサポートしてもらう

ASJを設立したいと思ったのは、「オルタナティブスクールという選択肢があることを知ってもらうこと」と「オルタナティブスクール間の連携」の必要性を感じたためです。

オルタナティブスクールは、少人数で運営をしているところがほとんどだと思います。少人数制だと機動力があるので、何かをやると決めたらすぐにアクションへ移せるのが大きな魅力です。一方で、子どもたちの個性を伸ばす学びの場をつくろうとすると、運営スタッフ一人ひとりに「あれもこれも何でもできる達人レベルの万能性」を求めざるを得なくなります。たとえば「足が速くなりたい！」という子には走り方を、「温暖化を止めたい！」という子には環境破壊の背景を、「世界を旅したい！」という子には外国語を指導する力が必要になるからです。

しかし、たった数人しかいないスタッフで何でもできるようになるのは非現実的です。そうなるとスタッフの能力の範囲内で学ばせるという限界がつくられてしまいます。英語を話せる

スタッフがいないスクールでは、英語の時間がなくなるか、極端に減ってしまいます。泳げるスタッフのいないスクールでは、水泳の時間はなくなるし、海や湖には怖くて近寄らないかもしれません。

これは子どもたちの学びだけでなく、学校運営にも関わってきます。たとえば、「お金がないから、予算のかかる活動ができない」とか、「ITスキルがないから、ウェブサイトをつくれない」など。少人数ならではの機動力が強みのはずなのに、気がつけばできないことだらけで、リミッターだらけのスクールになってしまいます。

子どもたちの未来のために創った〝学校〟のはずが、子どもたちに希望を失わせてしまっては本末転倒です。そこで行き着いたのが「全国のオルタナティブスクールが連携して、それぞれの得意を共有し、知己を紹介できるような仕組みをつくり、小さなスクールの課題解決を手伝ってあげられたらどうだろうか」というアイデアでした。

オルタナティブスクールの「開校支援」

●設立支援と経営支援

「オルタナティブスクールを設立しよう!」と決心しても、経営や組織運営の経験のない人であれば、何から始めたらいいかわからないと思います。そこでASJでは、スクールの構想やコンセプトづくり、事業計画立案、法人設立に至るまでのガイドラインとコンサルティングを提供したいと考えています。

そして、一度スクールを開校したら、通ってくれている子どもたちのために潰すわけにはいかないので、スクールの代表者が経営と組織運営に慣れてくるまでは、経営支援も行っていこうと思います。

●スタッフ採用支援

開校に向けた準備で最初のハードルは、想いを共有しながらもスキルの異なる仲間（スタッフ）を見つけることだと思います。少数のスタッフでオルタナティブスクールを運営するには、自分と得意分野が異なる仲間がいるほうが、チームは機能しやすくなるからです。

（A）教えることや子どもの学びのスイッチを入れるのが得意な人
（B）人と資金を集めるのが得意な人
（C）組織運営が得意な人

あなたがAタイプであれば、BとCのタイプを探す必要があります。Bタイプであれば、AとCのタイプが、Cタイプであれば、AとBのタイプが必要です。これにより、最初の一歩を踏み出すことができるはずです。しかし、「オルタナティブスクールを開校したいが、得意分野の異なる仲間がいない」という場合は、採用支援や次項の「講師の共有」などでサポートしていく予定です。

●ブランディングとマーケティングの支援

スクールの開校前、そして開校後も苦労するのが、ブランディングとマーケティングです。ASJでは、各スクールの個性を輝かせるためにブランディング支援を行います。また、マーケティングを効果的に行えるように、マーケットプレイス型のオンラインプラットフォームを立ち上げる計画をしています。これが稼働すれば、オルタナティブスクールに興味を持つ全国の保護者が利用するので、各スクールでウェブサイトを制作する必要がなくなります。

オルタナティブスクール同士で共有・交換・合同する「現場運営支援」

●講師の共有

少人数のスタッフで運営するスクールにおいて課題となりやすいのが、英語・体育・音楽・図画工作という、専門性が必要とされる教科を教えられる人がいないということです。英語はグローバル社会において重要な言語だし、子どものうちに基礎体力をつけるためにも体育は必要だし、人生を豊かにするためにも音楽・美術・工作の楽しさを知ることは大切。

でも、それらを教えられる人がいない。誰かにお願いしたいけれど、週1日だけ来てくれる人を見つけるのも大変。だから、「英語を話せるスタッフはいませんが、私が勉強して頑張って教えます」とか、「うちは体育は教えられないので、公園で子どもたちが自由に走り回る時間をつくるようにしました」みたいなスクールが出てきてもおかしくありません。「うちは美術系のスクールなので、体育はやらないんです！」と宣言しているところであれば構いませんが、本当はやりたいのに自分たちにはその人材がいない、ということだけで諦めるのはもったいないことです。

そこで考えたのが、英語講師・体育講師など、専門性の高いジャンルの講師の共有です。講師の共有ができれば、1つのスクールでフルタイム雇用する必要はありませんし、講師からしてみれば、月曜から金曜まで行く場所が決まっていれば、フルタイムで働けます。こういったことは1校ではできませんが、複数校が存在するからこそできるシェアリングシステムです。

● 環境の共有

北海道の大雪山国立公園内と世界自然遺産の奄美大島にデュアルキャンパスを構える「インフィニティ国際学院」学院長の大谷真樹さんを訪ねて北海道キャンパスにお邪魔した際に、「中等部が奄美大島にいる間、この寮が空くからホクレアで使う?」と、提案をもらい、オルタナティブスクール同士で校舎や寮を貸し借りできたら面白そうだねという話になりました。たとえばホクレアが北海道にいる間、湘南校舎はどこかの〝学校〟に使ってもらい、その〝学校〟の校舎をまた別の〝学校〟が使うとか、海の〝学校〟の校舎を山の〝学校〟が臨海学校で使い、山の〝学校〟の校舎を海の〝学校〟が林間学校で使わせてもらうなんてこともできます。海の〝学校〟には子どもたちが使っているライフジャケットがあって、マリンスポーツの講師も紹介できる。逆に山の〝学校〟には焚き火台や星を見るための望遠鏡がある。小さな〝学校〟同士だからこそ、お互いのリソースの貸し借りが気軽にできそうです。

●カリキュラムの共有

カリキュラムは、各スクールで最も特徴が出るところだと思います。スクール同士でカリキュラムを共有しておけば、「英語のカリキュラムはホクレアのがとても良いから、あそこのカリキュラムを使わせてもらおうよ」とか「漢字の覚え方は◯◯学園のメソッドを使わせてもらおうよ」といったように、いいとこ取りのプログラムを考えることができそうです。また、提供する側もそれらをＡＳＪ内で販売すれば、他校で使われる緊張感も出るし、そのクオリティが高ければ、取り扱いも増えてライセンスフィーが入ってくるようになります。

●達人の共有

ありがたいことに、ホクレアの理念と活動に、さまざまなジャンルのプロフェッショナルが賛同してくれています。「◯◯について詳しく知りたい！」という要望が子どもたちから上がったとき、ホクレアのスタッフだけではそれを教えることも、体験をサポートしてあげることもできそうにないときは、その道のプロにお越しいただいて子どもたちの学びを支援してもらっています。151ページからの節で前述した「達人先生」です。

これは、ホクレアだけでなく、他のスクールでも同じような場面に遭遇することが幾度となくあると思います。そのときに「それは難しい」とか「また今度ね」と言ってしまえば、そのとき学びたかったものへの興味は失われてしまうでしょうし、それが続けば「どうせ言っても無駄でしょ」という諦めへとつながってしまいます。興味が生まれたが吉日、その実現に向けてASJが各世界のプロフェッショナルとスクールのつなぎ役を担いたいと思っています。

●交換留学

校舎を入れ替えるよりも気軽にできるのが「交換留学」です。あらかじめお互いのスクールから交換留学者を募集して、ある期間だけ交換留学をするという国内留学制度です。これは、自分の通っているスクールと留学先のスクールの校風の違いや、お互いの良さに気づいたり、多様な選択肢があることを感じたりするきっかけになると考えています。

もしかしたら「わたし、交換留学先だった○○を気に入ってしまったので、編入します!」なんてことが起こるかもしれませんが、そこは「自分の個性を発揮できるところを見つけたんだね!」と理解し合えるコミュニティであれたらいいなと思っています。

●校長1日交換

交換留学の校長版です。いつものスタッフ、いつもの生徒、だけど校長だけが違う。パッと見は大きな変化ではありませんが、トップが変わるだけで〝学校〟の雰囲気が変わることを子どもたちが感じられる1日になると思います。もちろん校長だけでなく、先生を交換する機会もつくってみたいと思っています。小学生の頃、担任の先生が休みだと聞くと、「代わりに誰が来るのかな？」と友だちと予想してワクワクしたものでした。いつもと違う大人がいることで子どもたちに緊張感が出たり、フレッシュな気持ちになったりと、たまに違った大人にリードしてもらうのは、子どもにとっても先生にとっても良い学びの機会になるものです。

●合同運動会

少人数のスクールを運営していると、秋になって困ることがあります。それは運動会です。初年度のホクレアは10人ほどだったので、運動会を開催すること自体が難しかったです。でもスポーツを通して競うことや協力することの楽しさを経験させてあげたいのも親心。それぞれの学校単体では難しい運動会ですが、ＡＳＪ加盟校で合同で行えば、学校対抗戦などもできるので、盛り上がること間違いなしです。その名も「オルタナピック」。校章の入った旗を旗手が持って、その後ろを威風堂々と歩く各スクールの子どもたち。個人種目からチーム種目まで、1校だけではできなかった競技を行うことができます。

これは、プロジェクト学習やクラブ活動も一緒です。1校では難しいことも、スクール同士がつながりを持つことで、そのときどきに応じて大きくもなれるし、小さくもなれる。僕はこれが絵本の『スイミー』のように思えて、〈スイミーソリューション〉と呼んでいます。

ASJの支援内容および活動内容

開校支援		組織設立 支援	スタッフ採用 支援	ブランディング・ マーケティング 支援	経営 支援
現場運営支援	共有	講師 共有 英語／体育／ 音楽／図工など	環境 共有 校舎／設備／ 備品など	カリキュラム 共有 作成したカリキュラム をライセンス提供する	達人 共有 スポーツ選手／ 起業家／専門家など
現場運営支援	交換	交換 留学	教員１日 交換	校長１日 交換	交換 修学旅行
現場運営支援	合同	合同 学校説明会	合同 プロジェクト	合同 運動会	合同 クラブ活動
ASJ主体 スクール設立		全国展開	スタッフ育成	自治体連携 ・古民家 ・宿泊施設 ・ホームステイ	ノマド生徒 （日本全国体験）

●合同学校説明会

オルタナティブスクールという「もうひとつの選択肢」が生まれたとき、保護者の立場で考えたら、自分の子に合うスクールを選ぶために、できるだけたくさんのスクールの話を聞いてみたいと考えるのは当然のことです。「あそこは遠方だから、体験や見学のために行くのは厳しいけど、せめて説明だけでも聞いてみたい」というケースもあるでしょうから、どこに住んでいても気軽に説明会へ参加できるように、「合同学校説明会」をオンラインで開催できるようにしたいと考えています。なんなら、それをアーカイブして、いつでも視聴できるようにもできます。

……以上のように、オルタナティブスクールが直面する課題は、しばしば、オルタナティブスクール同士の協力によって解決できます。強みを生かした個性的な〝学校〟を創造する際には、必然的に苦手な分野や弱点が明らかになります。しかし、これらの弱点を克服しようとするあまり、得意分野や強みを犠牲にしてしまうと、そのスクールの独自性の意味が失われてしまいます。そこで、ASJでは、各スクールが得意分野や強みを共有し、お互いの苦手な分野や弱点をサポートし合うことができるプラットフォームの構築を目指しています。このような連携により、各スクールは自身の個性を維持しつつ、他スクールとの協力を通じて全体のクオリティを高めることができるのです。

47都道府県にASJ主体のオルタナティブスクールを設立する

216ページの「湘南以外にホクレアを開校する!?」にて、「ホクレアのようなスクールを創りたい」や「インタナティブスクールを創りたい」という声が上がり、必要性を感じることがあればスクール創りのお手伝いをしたいと書きました。

もう少し踏み込んだ話をすると、各都道府県に1校、ASJが主体となったオルタナティブスクールを開校していきたいと考えています。理由は、その都道府県の自治体の人や地域の人たちに、オルタナティブスクールでイキイキと学ぶ子どもたちの姿を見てもらって、オルタナティブスクールの価値を理解してもらいたいからです。そして他のオルタナティブスクールがその都道府県や地域に開校するとなった際には、前向きに受け入れてもらえるような素地を全国につくっていくためです。

まだまだオルタナティブスクールへの理解を示してくれる人は多くありません。一条校に通うのが「当たり前」だと考える人のほうが多いのが現状です。しかし、その「当たり前」を時代の変化に合わせて変えていかなければ、教育のカタチが変わっていかなければ、今の「失われた30年」が2050年には「失われた60年」となり、何も変えてこなかった先人たちに対して怒りを感じる人間が育ってしまうように思えてならないのです。

オルタナティブスクールへの理解を促す以外にも47都道府県にＡＳＪ主体のスクールができることには大きな意味を感じています。２０５０年の世界で活躍する日本人には、今まで以上に日本国民としての誇りを持ち、アイデンティティを確立した上で、世界に出ていってもらいたいという気持ちがあります。しかし、日本国民とひとことで言ったところで、国土は北海道から沖縄県八重山諸島まで、独自の異なった風土を持っています。それぞれの地域の自然環境・歴史・文化・経済を学ぶことはできても、「じぶんごと」として捉えることは難しいものです。つまり「日本国民として」と言っても、「都道府県民として」世界を渡り歩いてきました。

しかし、もし47都道府県にＡＳＪ主体のオルタナティブスクールがあれば、子どもたちはノマド（遊牧民）のように各都道府県のスクールを巡りながら、その地域の自然環境・歴史・文化・経済を体験しながら学び、その地域の社会的・環境的課題に取り組むことで、「日本国民として」のアイデンティティを形成する機会を得ることができ、世界と協調していく人間が育ってくれると思っています。

以上、ＡＳＪについての構想をお話しさせてもらいました。

本書が出版されたら、オルタナティブスクール設立の相談に乗るために全国を巡りたいと思っています。個人でも組織でも自治体でも、旅費は出していただくことになりますが、僕のほうから会いに伺いたいと思っているので、ぜひお声がけください。

第6章

子どもたちの選択肢を増やすために

自分で自分の学校を選べる社会の重要性、
そして「優秀な子」や「不登校」という
言葉に抱く違和感について。

それぞれの学校が「〜流」であってほしい

湘南ホクレア学園は、個性的な〝学校〟だと思います。

「どんな世界でもサバイブできる子を育てる」ことを目的とするホクレアが育むのは、「国語・算数・英語・理科・社会・音楽・図画工作・体育・家庭科」といった教科ごとの知識やスキルではなく、「コミュニケーションスキル」「起業スキル」「アウトドアスキル」といった、その子がその子の人生を生き抜くためのスキルです。

子どもたちがこれからの時代をサバイブしていくために掲げた「世界中に仲間をつくる」というビジョン。世界中に仲間をつくるなら、コミュニケーションスキルは必須。国内外の人たちとコミュニケーションをとるには、母語である日本語と世界共通のコミュニケーション言語である英語の語彙力、読解力、分析力を身につけ、日常生活で必要なお金や時間の計算ができるよう四則演算は英語で学び、読解力が必要な算数の文章問題は国語の中で学ぶ。私たちはこれをホクレア流と呼びます。

国をランダムに選んで課題曲を決める。曲が決まったら、歌詞とメロディーを耳コピして、歌の練習をスタートする。その国の挨拶を覚え、国旗を描き、文化や地理・歴史を学びながら、クラフトして、ソウルフードをつくって食べる。そして、その国の人と出会ったら、歌を歌って、その国についてプレゼンするのもホクレア流。

日本史では戦国武将になりきり、地理ではその国や地域の人になりきり、宇宙なら惑星になりきり、人体なら臓器や細胞になりきって砂浜で運動をしながら、なりきったものと一体となって学んでいく。そして「武将ってかっこいいね！」「宇宙ってすごいね！」と社会と理科に興味を持つようになる。これもホクレア流。

子どもは知的好奇心のかたまりです。私たち大人は、興味のスイッチを押してあげることさえできれば、子どもたちは自ら学ぶようになります。そのスイッチがなかなか見つからないことはあるけれど、それを見つけ出すことを大切にしているのがホクレアスタイル。つまりホクレア流です。

そして、あくまでもホクレアは1つの例であって、ホクレアとは異なる個性的な〝学校〟やオルタナティブスクールが全国に増えていくことを願っています。国内にはたくさんの一条校があり、オルタナティブスクールがあり、インターナショナルスクールもフリースクールもあります。各々が個性的なコンセプトを掲げ、個性的な学習スタイルを見出せば、子どもたちの選択肢が増えていきます。

ホクレア流が好きな子がいれば、苦手な子もいます。教科ごとに学んだほうが伸びる子もいれば、英語ではなくスペイン語や韓国語を学びたい子もいるでしょう。音楽はクラシックを好むかもしれないし、ヒップホップでダンスも取り入れたいという子もいるでしょう。

子どもに個性があるように、それぞれの学校にも、もっともっと尖った個性があっていいのではないかと考えています。学校がその個性を尖らせて、その個性を発信すれば、「自分の通いたい学校はここかもしれない！」と、子どもたちのほうから集まってくるでしょうし、そのような学校を子どもも保護者も渇望しているのでは⁉　と感じるのです。

「優秀な子」になるのではなく「最高の自分」になる

このように、学校にもっと個性的になってほしいと願うのは、教育が「組織で活躍できる、優秀で従順な人間を育てる」という長年の役割を終えて、「新しい社会を創る多様で主体的な個を育む」時代になっていると考えるからです。読者の皆さんにもそう思っている方は多いのではないでしょうか。

私たち団塊ジュニアと呼ばれる1970年代前半生まれは、偏差値教育どまん中で、受験戦争と呼ばれる時代を過ごしてきました。国語・数学・英語・理科・社会の5教科をまんべんなくできる子、つまり受験科目で高得点を取れる子が「優秀な子」とされることが一般的でした。あれから約40年。出生率が減少し、少子化が進んできた現代はどうでしょう？　あまり変わっていないどころか、私たちが小中学生だった時代よりも知識教育が強まっているようにすら感じられます。世間では多様性を尊重しようと言っているにもかかわらず、です。

「多様性を尊重する」を、子どもたちに当てはめてみると、「それぞれの子の個性を大切にする」ことだと僕は捉えています。子どもたちが自分の興味のあることや得意なことを追求・探究して、自らの才能を伸ばすことで、他の誰でもなく自分自身という個性になることが、子どもの多様性を尊重することだからです。

1983年にハーバード大学の教授ハワード・ガードナー氏が提唱した「マルチプルインテリジェンス（Multiple Intelligences）」という理論があります。日本語では「多重知能」と訳されています。

これは、「人間の知能を1つの指標（たとえばIQ）で測れるのか？」という疑問を出発点として、「人間は誰しも複数の知能を持っている。長所やプロフィールが個人によって違うように、人によってある知能が強かったり、ある知能が弱かったりする」という考えに至るというものです。このマルチプルインテリジェンス理論は、現在、世界各国の教育現場やビジネスの世界で取り入れられていて、イエナプラン教育でもこの理論が採用されています。

複数の知能は次の8つに大別されているため、「8つの知能」と称されることがあります。

①言語的知能……言葉を使って考え、効果的にコミュニケーションする能力に長けている
②論理数学的知能……論理的思考や数学的問題を解決する能力に長けている
③音楽的知能……リズム、音調、音楽を理解し創造する能力に長けている
④身体運動的知能……身体を効果的に使い、物事を巧みに操作する能力に長けている
⑤空間的知能……絵画や写真など視覚芸術を好むと共に、空間認識に長けている
⑥対人的知能……他人の感情、動機、意図を理解し、効果的に人と関わる能力に長けている
⑦内省的知能……自己の感情、動機、内省を理解し、自己認識を深める能力に長けている
⑧博物的知能……自然界や生物学的な現象を理解し分類する能力に長けている

①「言語的知能」の高い子は、読書好きで、人前で話すことが得意。作文がとても上手で、多言語をすぐに習得してしまいます。語彙力、文法読解力、言語表現力に優れているので、その能力に気づいて引き出してあげることができれば、コミュニケーションスキルが飛躍的に育っていきます。

②「論理数学的知能」の高い子は、算数の概念を理解するのが得意で、抽象的なアイデアや概念を頭の中で形に変換する力を持っています。物事の仕組みを調べることが好きで、データの収集から分析をして、そこから因果関係を見出して結論を導き出すといった能力に優れています。

③「音楽的知能」の高い子は、聴覚が優れていて、音やリズムに敏感で、楽器を習得しやすい能力を持っています。音楽を通した感情表現やコミュニケーションに能力を発揮します。

④「身体運動的知能」の高い子は、身体コントロールが得意で、バランス感覚も優れています。ダイナミックな動きが得意でありながら、実は手先が器用で裁縫などの細かな作業も得意だったりします。

⑤「空間的知能」の高い子は、美術や工作が得意で、立体的な物体の形や空間での位置関係を把握するのに長けていて、地図を読むことやパズルをつくるのが早く、頭の中にあるイメージをなんでもブロック玩具でつくってしまいます。

⑥「対人的知能」の高い子は、友だち同士がもめていると、その間に入って、両者の気持ちを察しながら関係を修復する。誰かがひとりぼっちでいると、輪の中に取り込んであげる。自分の意見やアイデアを伝えて調和させていくリーダー的な存在で、友だちをつくるのが得意な子です。

⑦「内省的知能」の高い子は、自分のことを客観的に見ることができて、自分の感情や考え、物事の好き嫌い、得手不得手などをよく理解しているので、他人からの意見に左右されま

せん。目標設定ができるようになると、ＰＤＣＡを回して具体的に実現していくようになります。

⑧「博物的知能」の高い子は、動植物の種類や特徴、自然現象や環境への好奇心が強く、細かな違いを見落とさない観察力を持っています。知識を頭の中で整理・分類する能力も優れていて、地球環境問題にも敏感で、高い意識を示していきます。

こうして「8つの知能」という視点で子どもたちを見ていくと、「国語ができない」「算数ができない」など、受験科目という尺度だけで「優秀な子」かどうかを判断するのは無意味なことだとわかるのではないでしょうか。

この「8つの知能」という視点を持って湘南ホクレア学園を見渡してみると、各々が8つの異なる知能のバランスを持っていて、その中でも高い知能を発揮する分野がその子の強みとして際立って見えてきます。そしてこのバラバラな強みと弱みを持つ個が集まることで「ホクレアらしさ」という唯一無二の調和が生まれていることに気づかされるのです。

個を殺して苦手なことをやってまで、一般的に言われる「優秀な子」を目指すのではなく、その子が、自分の知能を理解し発展させながら好きと得意を見つけていき、自分を肯定し自己効力感を抱いて生きていくことができれば、本来の自分へと成長していけるはずです。それがその子にとって最高に優秀な状態であって、その存在が周囲に受け入れられたとき（つまり多様性を尊重されたとき）、その子は自分の幸せな人生に感謝するのではないでしょうか。

自分の学校を自分で決められる世の中へ

僕は、「不登校」という言葉に違和感を抱いています。

国民に基本的な知識・技能・態度を身につけさせるために、国が一定の教育水準の提供を保障しているのが、法律で定められた「義務教育」。でも、この〝義務〟こそが、「小中学校は、絶対に通わなくてはいけないところ！」という考えを教育者や保護者に植え付け、その荷を子どもたちに背負わせているように思えてなりません。

学校に通っている子は「義務を全うできている子」となり、通わない子は「義務を全うできていない子」、つまり不登校児というレッテルを貼られます。「いじめる子がいる」「勉強についていけない」「勉強が簡単すぎる」「先生が嫌い」「先生に嫌われている」「人が多いのが苦手」「自分のやりたいことが学べない」など、各々に理由があって通えなくなっている、もしくは通わないと決めているにもかかわらず、何か悪いことをしているかのような気持ちにさせられる「不登校児」という表現。

逆に言うと、「いじめる子がいない」「学ぶペースがちょうどいい」「先生が楽しい」「先生に愛がある」「少人数制」「興味のあることを学べる」といったように、通えない（通わない）理由を取り除いてあげれば、この子たちの多くが学校に通うようになります。つまり不登校児とは呼ばれないで済みます。こういうことを言うと「嫌なことを我慢して乗り越えられる精神力を養うのも大切だ」という意見も出てきますが、前述のマルチプルインテリジェンス理論のように、人はそれぞれ異なる知能のバランスを持っていて、その多様な個性を受け入れようとしている社会において、それは逆行した考えだと思えます。

「わたしはこの学校に行きたくない」と子どもが言ったら、「それなら、行きたい学校に転校すればいいだけだよ！」と言ってくれる大人がいない。それどころか「頑張って行きなさい」と言われ、自分の頑張りが足りないと思わされてしまう。大人なら、「会社に嫌いな先輩（上司・同僚）がいる」「イメージしていた仕事ではなかった」「成長できそうにない」などの理由で会社を辞めたとしても、転職や起業という選択肢がいくらでもありますが、子どもたちにはそれがないのです。簡単に転校ができないのです。

なぜなら、そこには**「学区」という見えない壁が存在する**から。その子にぴったりの学校や学ぶ場が、この壁の向こう側にあるはずなのに、それを知っている大人や勧めてくれる大人がいない。たとえその子が通いたくなる学校を見つけたとしても、自分の住む家の住所で学区と学校が決まるから、そこへは通えない。そして、学区で決められた学校へ通えなく（通わなく）なると、「不登校児」として扱われる。保護者は「不登校児の親」と自らを認識し始め、親は世間に対して胸を張れなくなり、そんな親のようすを見た子は、親に対して申し訳なく感じる。そのようなことが日本全国でたくさん起きています。多様性を尊重する社会と言いつつ、個性とポテンシャルの宝庫である子どもの多様性を認めてくれない社会の仕組みがあるからです。

だから思うのです。「お父さんお母さん、僕は◯◯だから今通っている学校へは行かないって決めたんだ！」と子どもが言ったら、保護者は「すごい決断をしたな。自分で決めたことだな。それはめっちゃカッコいいことだぞ！　父さんと母さん、その選択を心から応援するからな」と声をかけてあげてほしいと。そして、子どもがやりたいこと、通いたい場所を見つけられたら、「よし、やってみろ！　できる限りサポートしてやるから」と応えてあげてほしいです。しかし、それが容易になるためには、それを支える新しい教育システムの構築を急ぐ必要があります。

感謝される国へ

世界幸福度ランキングで上位常連国のオランダ。その理由は、この国の教育システム、子育て環境、子どもたちの健康や安全に対する国の取り組みが反映されている結果だと言われてい

The only thing that interferes with my learning is my education.
私の学習を妨げた唯一のものは、私が受けた教育である。
（アルベルト・アインシュタイン）

ます。**特にオランダの教育システムは、子どもたちの多様性と親の教育選択の自由を尊重しているため、さまざまな教育形態の学校が存在し、一定の認可基準はあるもののそれらの多くが公的資金によって支援されています。**

繰り返しになりますが、日本のオルタナティブスクールは文科省に認定されていません。そのため、子どもは公立校などの一条校に籍をおきながら、場合によっては籍を外された状態でオルタナティブスクールに通うことになります。そして国や自治体からの補助金は、その子が1日も通わなかったとしても、在籍している学校へと渡ります。一方で、毎日オルタナティブスクールへ通っていたとしても、義務教育と認められないオルタナティブスクールに補助金が与えられることはありません。そのためオルタナティブスクールの多くは保護者からの学費だけでまかなわれています。つまり、スクールの掲げる建学の精神を実現するために適切な人材を揃えて運営していくには、どうしても学費が高額になってしまうのです。

もしこの予算をオランダのように子ども一人ひとりにつけてあげることができたなら、「僕、この学校に行きたい！」や「この学校はわたしに合わなかったから、別の学校を試してみる」と、自分の意思で学校選びをすることができるようになると思います。

日本も教育の多様化を進めて、多種多様な学びを認めた教育システムへと移行することができれば、**子どもたちは自分の未来のために血税を使って学びの選択肢を与えてくれた国に対して愛国心を抱き、この国の未来に貢献しようと考えるようになる**のではないでしょうか。そしてその結果、国民の幸福度の高い国へと変わっていけるのだと思います。マイナンバー制度が進んでいる今だからこそ、国にはぜひ、子ども一人ひとりに教育予算が割り当てられる仕組みを検討してもらいたいと切望するばかりです。

おわりに

２０１６年10月6日、イッサの１歳の誕生日にもかかわらず、僕はブラジルのアマゾン河流域のホテルにいました。サハラ砂漠マラソンや南極トライアスロンを走ってきた〈チームきわみ〉の仲間と、極地レースの集大成としてアマゾンのジャングルを２７０km走る「Jungle Marathon」に出場するためです。

イッサが生まれてからの1年間は、病気による検査・入院・手術・退院・通院の繰り返しでした。育休中とはいえ、人工肛門から排泄された便を装具から取り除き、洗ってくれている妻の献身的な姿を見ていると、地球の裏側で行われるマラソン大会になんて出ている場合ではないのではないかと、エントリーするかどうかを迷っていました。妻にその気持ちを正直に伝えて、「行かないでほしい」と言われたら、ジャングルへ行くことを諦める覚悟でした。

しかし、妻の返事は意外にも、「行ってきなよ。その代わり、見てきた景色、経験してきたことを、この子にいつか話してあげてね。だから絶対に完走してきてね」というものでした。

その日から完走は目標ではなく、使命だと考えるようになり、熱帯雨林の灼熱の中を走り切れるように、うだるような暑さの真夏の東京で毎日のようにトレーニングに励み、レース中に熱中症にかかっても対応できるように、わざと熱中症になるような練習まで行っていました。そこまで追い込むトレーニングができたのも、「イッサはこの先、人生を持病と共にすることになる。もしかしたら、自力で排尿できなくなる日が来るかもしれない。足に痺れや痛みが生涯続く体になるかもしれない。もしかしたら自力では歩けなくなるかもしれない。そうなれば、その障害と一生付き合うことになる。それが原因で困難が彼の前に立ちはだかるかもしれない。でも、たとえどんなことがあったとしても、諦めずに乗り越えてほしい。たくましく生きてほし

密林の中の沼を進むジャングルマラソン

い」と、思っていたからです。

病気と闘うイッサに「何もできなくてごめん」としか言えなかった自分でしたが、息子に父の背中を見せること、生き様を見せることならできると考え、妻の後押しのもと、Jungle Marathon出場を決めました。「このレースだけは絶対に諦めない！」と決め、妻が言ってくれたように、イッサが大きくなったらその道中の話ができるよう、必ず完走して帰ってくると誓ったのです。

気温43℃、湿度99％の密林の中で行われるレースはあまりにも壮絶でした。蛇に噛まれた人、ハチの大群に襲われた人、崖から滑落して骨折した人、熱中症で倒れて身動きできなくなった人など、次から次へとリタイアしていきました。

元気に飛び跳ねるヤドクガエルや草の茂みでガサガサする蛇を横目に密林を走り、勢い余って川岸に打ち上がったピラニアがいた川にバックパックを浮かべながら泳いで渡り、茂みで昼寝中だったジャガーに唸り声をあげられ猛ダッシュで逃げ、ハチの大群に襲われたランナーを助けに行って自分も顔から太ももまで刺され、夜中に歩き回るタランチュラを踏まないように暗闇の中を進み、お腹を空かせた野犬たちに沼地で囲まれそのうち1頭にふくらはぎを噛まれ、腕と足には植物のトゲが刺さり、足元から上がってくる蟻たちにはあちこち噛まれて、どれが何の傷なのかすらわからないほど全身傷とあざだらけになりました。普段より2・5cm大きなシューズを履いていったのに、崖を登っては下り、シューズを履いたまま川を泳ぎ、ずぶ濡れのまま川岸の砂浜の上を走ってきた足は象のように足首がなくなり、シューズがきつくなりました。持参していたサンダルに履き替えてみたものの、夜の砂浜で小竹が土踏まずに突き刺さり、流れる血は傷口に砂が入り込んで止血される始末。

そして気温43℃、湿度99%のジャングルでひとり迷子になり、ウォーターボトルの水がなくなってから数時間ジャングルを彷徨ったとき、死を意識して携帯していたiPodを取り出し、いざというときのためにイッサに向けて動画メッセージを撮影しました。そして、妻の「行ってきなよ。その代わり、見てきた景色、経験してきたことを、この子にいつか話してあげてね。だから絶対に完走してきてね」の言葉を頭の中でリピート再生させながら、喉が渇いてフラフラになっても精神面だけは折れることなく、水を求めて前へ前へと進み、奇跡的にジャングルの中で生活する部族の住む小屋を発見。水を分けてもらって、なんとか回復することができました。水をくれた小学生くらいの兄弟に、近くにレースコースがあることを聞き、その方角へと走り、幸運にもレースへと復帰できたのでした。

その後僕は、アマゾン川流域で生活する部族の16歳の少年と出会いました。彼はタンクトップに短パン・ビーサンという格好をしていて、持ち物は背中に背負ったナタのような大きなサバイバルナイフだけでした。

高温多湿のジャングルの中を水すら持たずに歩く彼に「喉は渇かないの？」と聞くと、すぐ横にある木を指さして、「この木の根をナイフで傷つけると水が出るから、いざというときにはそれを飲むんだ。あの木のツルからも水は出るよ」と教えてくれました。さらに「どの野草や実が食べられて、どの虫がおいしいのか」「ハチや蚊に刺されたときに使える薬草はどれか」「動物や魚をどのように仕留め、捕獲後にどう捌《さば》くのか」、そんな生きる術を16歳の少年は知っていました。そしてそれらは「このナイフひとつあればできる」と話すのです。

驚きました。つい数時間前、飲み水がなくなって死を覚悟していたというのに、すぐ横の木に傷を入れるだけで喉を潤せるなんて。彼のような知識とそれを実践できるスキルさえあれば、飲み水がなくなっても焦る必要なんてなかったのです。1週間分の食料を詰め込んだ、重いバックパックなんて背負わなくても、ナイフひとつで水や食糧を調達できて、怪我の応急処置だってできるのですから。

16歳のこの少年のたくましさに憧れを抱いた瞬間でした。また同時に「自分は、日本という守られた環境から一歩外へ出てしまえば、生きることすら危うい未熟な人間なのだ」と思い知らされる出来事でもあったのです。

そして衝撃だったのが、この少年も、小屋で水を分けてくれた兄弟も、僕と片言の英語でコミュニケーションを取っていたことです。ブラジルの先住民族数は200以上、人口は90万人ほどで、そのうち40%はアマゾン川流域で生活しています。先住民族言語は200程度に及ぶのですが、彼らは英語をコミュニケーション言語として取り入れていたのです。

僕は102時間をかけ、270kmの距離を執念で完走しました。

いや、時速2・6kmだから、完走ではなく完歩ですね。

息子の1歳の誕生日を一緒に祝ってあげることはできなかったけれど、どこにも売っていない、ジャングルを走りきったランナーだけに与えられるメダルを、息子の首にかけてあげることができました。

そして、アマゾンのジャングルに住む先住民族の子どもたちとの英語を使った交流経験により、「世界中に仲間をつくる」というビジョンを掲げるホクレアにとって、英語は不可欠なものとなりました。

そしてどんな状況下でも水や食糧といったライフラインを確保する確かなアウトドアスキルを持ち、どこでも何かを始められる起業スキルがあれば、どんな世界を生きることになったとしても、前向きにサバイブできる人間に育ってくれるのだと。

そう考えると、「イッサの長期にわたる闘病生活」と「ジャングルで生死を彷徨い部族の少年たちに助けられた経験」がなければ、今の湘南ホクレア学園は存在しなかったでしょう。二度と同じ経験はしたくはないけれど、これらの〝原体験〟が今日のホクレアの精神を形成していると思えば、意義のある経験だったのだと今は思えるのです。

最後までお読みいただき、ありがとうございました。

子どもたちはダイヤの原石です。それぞれが個性や才能という色も形も大きさも異なるダイヤを原石の内に秘めています。しかし原石を磨くことなく、原石の上に知識や能力というコーティングを施して美しく仕上げたところで、それは子どもが持つ本来の美しさではなく社会がつくり上げた価値観であって、社会の変化で簡単に剥がれ落ちてしまう危ういものです。私たち大人の役目は、子どもたちに自分がダイヤだということを気づかせてあげること。そして子どもたちが自らを磨き、輝かせる過程をサポートしてあげることです。

保護者の方々、教育に携わる方々、行政や立法の方々が一緒になって、子どもたちの個性がキラキラと輝く日本社会にしていきましょう。

感謝

2023年6月30日、「歯並びの達人」の成田信一さんによる「大人の小学校」開催の準備をしようと2階へ上がると、授業を受けるガーディアンたちが集まっていて、ジョナサンの弾くギターに合わせて、替え歌のバースデーソングを歌う声が聞こえてきました。

Rijicho you love beer.
You never have fear.
You made Hōkūle'a.
And we're all glad you're here!

そして、ホクレアクルー、ガーディアンクルー、スタッフの全員が、僕の顔にそっくりのお土産キャラクター〈ピスタチ夫〉のお面をつけて踊り出したかと思うと、そのお面を次から次へと僕に手渡していきます。お面の裏には、クルー、ガーディアン、スタッフからの温かいメッセージが書かれていて、そのほとんどに「ホクレアをつくってくれてありがとう！」と書かれていました。

振り返るとホクレアの始まりは、同世代の子どもを持つ地元の友人たちと朝ランをしていたときに、「イッサは小学校どこに行くの?」と聞かれたのが発端でした。そこから湘南エリア、神奈川県内、日本国内外の小学校へと調査範囲は広がっていき、「ハワイもいいな〜、でも生活費が高いよね」とか「ニュージーランドやオーストラリアもいいね。でもやっぱりグリーンスクールがいいな〜。物価は日本より安いよね? バリに移住するにはどうしたらいいんだろう?」なんて話を妻ともしていました。それと並行して「じゃあ、自分で〝学校〟を創るのは?」といった話もありはしたものの、誰かが始めてくれるなら応援したいけど、自分が主体となって責任を持って始めるには現実味が全くありませんでした。

でも、「もしパパが〝学校〟を創ったら通いたい?」と聞いたとき、嬉しそうに「うん! 行く!!」と即答したイッサの顔を見て覚悟を決め、今日に至ったのです。

あの日の覚悟から始まり、湘南ホクレア学園がここまで来ることができたのは、たくさんの方々がホクレアの理念と活動に共感してくれて、応援してくれて、協力してくれたおかげです。それを伝えたくて、全員とまではいきませんが、本書の中にその方々の名前を出させていただきました。一人ひとりの名前を書いていて改めて思ったことは、「オルタナティブスクールは少人数で始められるけど、大人数に支えられて成り立つ」ということです。「結局は人なんだよね〜」ってことです。

旅を共にするホクレアクルー、真友であるガーディアンクルー、目的を共にした仲間のスタッフ、未来を生きる子どもたちのために力を貸してくれる達人先生、子どもたちを見守ってくれる近隣・地域の皆さん、多様な学びに柔軟に対応してくださる自治体の教育委員会や在籍校の教職員の方々、そして次世代を生きる子どもたちとホクレアの活動を応援してくれている友人知人たちによって、湘南ホクレア学園は支えられています。皆さんのご理解とご協力に心から感謝申し上げます。

そして、ホクレアに興味を持って学校説明会に参加し、「今の教育に疑問を抱きながら、どうしたらいいのかわからないでいる人は多いと思います。その人たちにオルタナティブスクールという選択肢があることを知ってもらうだけで意義があることだと思うので、良かったらホクレアの考えていることとやっていることを本にしませんか?」と提案してくれた「まる出版」代表で友人の高橋淳二さんには、このような機会をいただけて心より感謝しています。

病弱なうえに視覚障害を抱えながらも僕を生み、育ててくれた母さん。トライし続ける僕に一度も苦言することなく、ただ隣で黙って微笑んでいてくれた妻のサト。稀な難病の併発で、子ども数億人にひとりの闘病を乗り越えてくれた息子イッサ。母さんの息子として、サトの夫として、イッサの父として、この人生を与えてもらえたことに感謝せずにはいられません。

そして最後に……

この本の執筆中にひとりの真友が事故で亡くなりました。

「リジチョー、聞いてください！　うちの子は本当にホクレアが大好きで、大好きすぎて、放課後もホクレアに残りたくて、あんな好きだったサッカースクールをやめちゃったんですよ！　もう責任とってくださいね（笑）」「サマースクールに毎週違うお友だちを呼んでもいいですか？　いろんな子にホクレアを経験させてあげたくて！」「ママ会、すっごく行きたかったけど先約があって。あ〜残念。またすぐに企画してくださいね！」と、彼女は心からホクレアを愛してくれていました。

アヤさんへ
いつも笑顔で話しかけてくれたあなたと突然会話することができなくなってしまいました。執筆しながら何度も何度も涙が込み上げてきました。あまりにも突然すぎて、それはとても悲しく寂しいことでした。でも、あなたがこの地球に残してくれた宝物が、どんな世界でもサバイブできる子に育っていく姿を見守っていてください。あなたと出会えたこと、あなたがホクレアを愛してくれたことに感謝しています。ありがとう。

参考文献

P47「グリーンスクール」の写真（4点いずれも）

Shutterstock

P53「イエナプラン」の参考文献

書籍：
『イエナプラン　共に生きることを学ぶ学校』
（フレーク・フェルトハウズ氏、ヒュバート・ウィンタース氏著　リヒテルズ直子氏訳／ほんの木）

DVD：
『明日の学校に向かってーオランダ・イエナプラン教育に学ぶ』
（リヒテルズ直子氏監修・出演／グローバル教育情報センター）

P73 書籍

『戦わない経営』
（浜口隆則氏著／かんき出版）

P190 書籍

『キャンプ×防災のプロが教える
新時代の防災術』
（寒川一氏著／学研プラス）

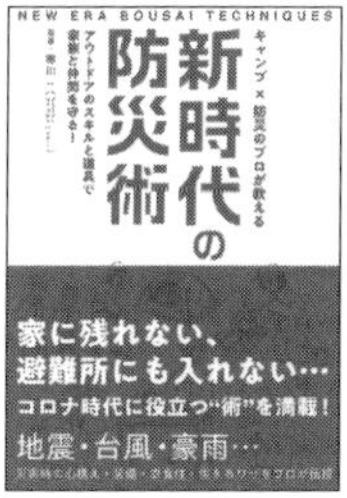

P235 書籍

『MI: 個性を生かす多重知能の理論』
（ハワード・ガードナー氏著　松村暢隆氏訳／新曜社）

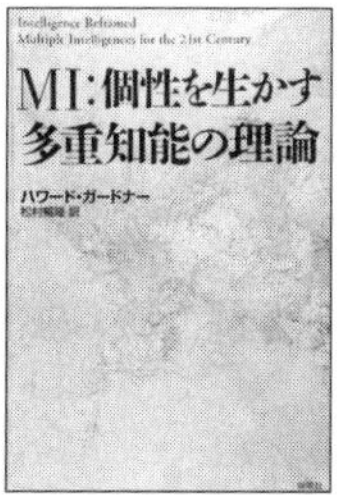

[著　者]
小針 一浩（こばり・かずひろ）
一般社団法人 インタナティブスクール協会
湘南ホクレア学園　理事長
29 歳のときにビジネスコンサルティング会社を起業。その後、システム開発会社、ブランドコンサルティング会社を起業し､大企業から中小ベンチャーまで幅広い顧客にサービスを提供。息子が大病を患ったことがきっかけで、全ての仕事を辞めて 2017 年に湘南へ移住、主夫となる。病気から回復した息子の小学校探しをする中で､「自分で“学校”を創ろう」と決意。準備期間わずか 5 ヵ月で、2022 年 4 月に湘南ホクレア学園を開校。趣味は走りながら旅することで、サハラ砂漠マラソン 250km、アマゾンジャングルマラソン 270km、人類史上初の南極トライアスロンを完走。目標は、ホクレア学園の子どもたちと月面に行ってマラソン大会を開催し、自らも走ること。多くの人の応援を受けながら我が子の闘病生活を終えられたことに感謝し、残りの人生を次世代への恩送りの時間にすべく、今の子どもたちの未来のために人生を送ると決める。

湘南ホクレア学園　https://shonan-hokulea.org/

[staff]
カバーデザイン　三森健太（JUNGLE）
本文デザイン･イラスト･DTP　荒井雅美（トモエキコウ）
校　正　株式会社鷗来堂
編集協力　小森優香
協　力　石村真一（株式会社アイカンパニー）　茂木美里　野口武　渡辺歌織

2050年《ねん》を生《い》き抜《ぬ》く子《こ》を育《そだ》てる「もうひとつの学校《がっこう》」

2024 年 3 月 21 日 初版第 1 刷発行

著　者　小針一浩《こばりかずひろ》
発行者　高橋淳二
発行所　株式会社まる出版
〒151-0053 東京都渋谷区代々木 1-39-11-605
電話：03-6276-1456　FAX：03-6276-1458
https://maru-publishing.co.jp
発　売　サンクチュアリ出版
〒113-0023 東京都文京区向丘 2-14-9
電話：03-5834-2507　FAX：03-5834-2508
印刷・製本　シナノ書籍印刷株式会社

ISBN978-4-86113-190-5　C0030